Agapiti mu

KALI OREXI!

me enkárdius cheretismús

Patrice & Brigitte

GRIECHISCHE KÜCHE

Genehmigte Lizenzausgabe 1997

ISBN 3-8122-3595-1

DR. OETKER

GRIECHISCHE KÜCHE

Vorwort

Die Länder des östlichen Mittelmeeres gehören trotz aller Unterschiede in Sprache, Religion und Kultur zu einer großen kulinarischen Gemeinschaft, die sich aus mehreren Faktoren ergeben hat:
Die ähnlichen klimatischen Bedingungen, der jahrhundertelange türkische Einfluß und eine bäuerlich betonte, vorwiegend arme Bevölkerung.
So ist eine exakte Abgrenzung der griechischen Küche gegenüber den Nachbarländern kaum möglich, wenn sich auch mit der Zeit lokale Besonderheiten ergeben haben.
Typisch für griechische Kost ist die Verarbeitung von überwiegend frischen Zutaten. Denn gegenüber Mitteleuropa hat Griechenland den Vorzug, selbst noch in den Wintermonaten über eigenes frisches Obst und Gemüse zu verfügen.

So zeigt sich Ihnen trotz aller Einfachheit die Küche Griechenlands in einem gewissen Überfluß, der insbesondere bei Festlichkeiten und bei der Bewirtung von Gästen zum Ausdruck kommt.

Entdecken auch Sie mit diesem Buch die Besonderheiten der griechischen Küche.

Kulinarisches Griechenland

Wer Griechenland in den vergangenen Jahren wiederholt besucht hat, konnte die Veränderung in den Auslagen der Lebensmittelgeschäfte wahrnehmen. In Athen und anderen Großstädten unterscheidet sich das Angebot in den großen Delikateß- und Spezialgeschäften kaum noch von dem in Italien oder anderen mitteleuropäischen Ländern.
Doch schon in den kleinen Läden der Nebenstraßen, auf den Märkten oder in den Basar-Straßen sieht es wesentlich anders aus. Hier findet man noch Getreideerzeugnisse in Säcken, unsortiertes Obst und Gemüse und auf den Verkaufstischen ausgelegte Fleischwaren.

Griechische Lebensmittel

Fleisch
Fleisch wird sehr oft haschiert oder kleingeschnitten angeboten. Der Grund dafür ist, daß es vor Einführung der Kühltechnik, insbesondere in den heißen Sommermonaten, nicht möglich war, Fleisch genügend lange abzuhängen. Frischfleisch wurde sofort zerkleinert und mußte möglichst schnell verzehrt werden. Heute kann man in guten Metzgereien jede Art von Bratenstücken in gewünschter Qualität erhalten. Die landschaftlich gebundenen, überlieferten Rezepte sind jedoch

größtenteils geblieben, auch wenn die Fleischvorbereitung in der angegebenen Weise heute nicht mehr notwendig wäre.

Fisch

Während sich das Fleischangebot erheblich verbessert hat, sind die griechischen Fischmärkte von Jahrzehnt zu Jahrzehnt zusammengeschrumpft. Verschmutzung des Mittelmeeres und insbesondere der Küstenregionen sowie Überfischung haben dazu geführt, daß der einstige Reichtum aus dem Meer allmählich versiegt und deshalb frische Fische, wie überall auf der Welt, teuer geworden sind.

Was die Fischer nicht ausreichend anlanden, bringen Fabrikschiffe aus fremden Meeren als Tiefkühlware auf den Markt. Nur noch Polypen, Kalamari und Kleinstfische, die zum Ausbacken geeignet sind, haben für die breite Masse erschwingliche Preise.

Obst und Gemüse

Das auf den einheimischen Märkten angebotene Obst und Gemüse stammt oft von Kleinbauern, die den Anbau noch in althergebrachter Weise betreiben. Zu den bevorzugten Gemüsesorten gehören rote und grüne Paprikaschoten, Auberginen und Kürbisse.

Beliebt sind auch Kürbisblüten, die in Teig gewendet und in Öl ausge-

backen werden sowie verschiedenartige Zucchini und Gurken.
Spinat und andere mangoldähnliche Blattgewächse sind reichlich vorhanden und werden gern in zahlreichen Variationen zubereitet.
Tomaten in allen Größen und Formen sind überall erhältlich und spielen eine wichtige Rolle bei zahlreichen Gerichten.
Fremdartig für den Mitteleuropäer sind Okraschoten, Kichererbsen und Granatäpfel.
Der Saft der Granatäpfel wird weitgehend für Süßspeisen, die Kerne werden für manche Saucen verwendet.

Kräuter
Eine besondere Freude für Nordeuropäer sind die üppigen Verkaufsstände mit Kräutern aller Art. Glatte Petersilie, Dill, Oregano, Basilikum, Thymian, Rosmarin, Minze und Salbei warten darauf, verschwenderisch in den Gerichten verarbeitet zu werden.

Trockenfrüchte
In den Geschäften findet man eine große Auswahl von Trockenfrüchten: Rosinen, Korinthen, Wal- und Haselnüsse, Pistazien, Mandeln und Pinienkerne geben zahlreichen Süßspeisen und Gebäcken den typischen Geschmack.

Milchprodukte
Das Angebot an Milchprodukten ist im Laufe der letzten Jahre erheblich gewachsen.
Moderne Molkereien stellen die verschiedensten Joghurt- und Quarkerzeugnisse her.
Für die Zubereitung der traditionellen Gerichte sind neben Milch, Sahne und Butter der schnitt- und reibefähige Kefalotiri und der ursprünglich nur aus Schafsmilch hergestellte Feta-Käse wichtig.
Zu den klassischen Käsesorten gehört noch der Molke-Magerkäse Mizithra, der gern für verschiedene Gerichte empfohlen wird.

Gewürze
Neben den Gewürzen, die auch in der nordeuropäischen Küche verwendet werden, muß man sich in Griechenland mit einigen weniger bekannten Geschmacksrichtungen vertraut machen.
Hier ist beispielsweise der Kreuzkümmel zu nennen, der zwar wie der bei uns gebräuchliche Kümmel aussieht, jedoch wesentlich anders schmeckt.

Den Backwaren und Süßspeisen geben Sesam, Pistazien und die intensiv nach Kräutern schmeckenden Honigsorten eine orientalische Duftnote.

Griechische Mahlzeiten

Das **Frühstück** wird in Griechenland kaum als Mahlzeit gewertet. Es besteht meistens aus einem kleinen Kaffee nach türkischer Art und einem trockenen Gebäck.

Im Gegensatz zu den westlichen Mittelmeerländern hat in Griechenland das Mittagessen eine größere Bedeutung. Dabei ist es üblich, vor dem Essen einen **Aperitif** zu nehmen, der nach alter Landessitte aus dem stark nach Anis schmeckenden Ouzo besteht. Als kleine Begleitung und Einstimmung auf das Essen gibt es dazu etwas Brot, schwarze Oliven und Feta-Käse. In Restaurants werden diese Häppchen nicht berechnet. Dafür ist es jedoch üblich, einen kleinen Obulus für das Gedeck zu zahlen.

Wird in etwas aufwendigerer Weise gegessen — und dies gilt auch für einen großen Teil der Familien — so reichen Oliven und Käse als **Vorspeise** nicht aus. Eine gute Mahlzeit beginnt mit verschiedenen Vorgerichten, die unter dem Begriff „Meze“ zusammengefaßt sind.
Kaum fehlen darf dabei das „Tzatziki“, ein Gericht aus geraspelter Gurke mit Joghurt, Knoblauch, Olivenöl und Gewürzen. Auch etliche andere solcher Vorgerichte bestehen aus Joghurt und rohem Gemüse.

In jedem Fall sind aber diese Meze erfrischend, leicht und bekömmlich. Außerdem gehören zu den Vorgerichten kleine Fisch- oder Garnelenzubereitungen, gekochte und gebackene Polypen sowie gefüllte Weinblätter.
Ferner verschiedene Arten marinierter grüner Bohnen oder Hülsenfrüchte sowie kalte Fleischzubereitungen, unter denen Innereien einen bedeutenden Platz einnehmen.

Suppen haben im allgemeinen in Griechenland nicht die Bedeutung wie in der deutschen Küche. Besonders beliebt sind allerdings die Spezialitäten „Kakavia" (Fischsuppe) und „Avgolemono" (Zitronensuppe).

Als leichte **Zwischengerichte** gibt es in Griechenland viele Eierzubereitungen mit den landesüblichen Gemüsearten, verschiedene Pilz-Ragouts und vor allem gegrillte oder gebratene Fischgerichte.
Gekochter Fisch ist relativ selten, eher wird er als Eintopf im eigenen Saft zubereitet.

Die typischen **Hauptgänge** bestehen aus verschiedenen Lammfleischzubereitungen oder — nach traditioneller Art — auch aus Ziegenfleisch. Aber auch Rind- und Schweinefleisch sowie gebackenes Spanferkel sind durch fremde Einflüsse populär geworden.

Ganz bäuerlichen Ursprungs ist jedoch das typischste Hauptgericht: Mousaka, ein im Backofen gegarter Auflauf, bestehend aus verschiedenem Gemüse mit Hackfleisch und reichlich Kräutern.

Die Geflügelzubereitungen lassen durch Würzung oder Zubereitung oft den türkischen Ursprung erkennen.

Ganz besonders deutlich kommt die Verwandtschaft mit dem Orient bei den **Desserts** zum Ausdruck.

Plunder- oder Blätterteig, Mandeln, Nüsse und Sesam spielen dabei eine große Rolle.

Trotzdem dürfte eine Nachspeise, die wahrscheinlich durch französische oder englische Köche ins Land gekommen ist, die größe Popularität besitzen: die Karamelspeise.

Bei der Zubereitung des **Nachmittagskaffees** haben sich heute in Griechenland schon weitgehend nord- und westeuropäische Gewohnheiten durchgesetzt.

Das **Gebäck** entspricht dagegen mit wenigen Ausnahmen dem üblichen Angebot der östlichen Mittelmeerstaaten.

Zum **Abendessen** werden oft leichte Salate und Vorspeisen sowie Fisch- und Gemüsegerichte bevorzugt.
Dazu reicht man Brot und Käse.

Zu allen Mahlzeiten wird Wein getrunken.
Dabei ist weder an den berühmten Retsina noch an die bekannten griechischen Süßweine gedacht.
Letztere spielen als Tischgetränk überhaupt keine Rolle, während der Retsina eher als Aperitif getrunken wird.
Die landesüblichen Tischweine, weiß oder rot, sind saubere, durchgegorene Getränke, die sich dem Essen harmonisch anpassen.

Griechischer Käse

Käse hat in Griechenland von jeher eine große Bedeutung.
Die schon in den Schriften der Antike erwähnten Käsesorten werden auch heute noch weitgehend hergestellt.
Im Laufe der Zeit haben sich dabei Namen verändert, aber die Grundtypen des Käses sind bis heute ähnlich geblieben.
In den letzten Jahrzehnten wurden aber auch viele mitteleuropäische Käsesorten eingeführt oder im Lande selbst hergestellt.
Da die in früherer Zeit vorherrschende Verarbeitung von Schafs- und Ziegenmilch heute zu arbeitsintensiv wäre, ist man mehr und mehr dazu übergegangen, Kuhmilch zu verwenden.
Der in Griechenland so beliebte **Feta-Käse (1)** ist ein typisches Beispiel für diese Entwicklung.

Während der Feta in Salzlake gereift und in verschlossenen Kanistern in Lake gehalten wird, kann ein ähnlicher Käse, der **Mizithra**, unmittelbar nach der Herstellung, also noch warm, gegessen werden. Läßt man ihn an der Luft trocknen, so kann er auch als Reibekäse für manche Gerichte verwendet werden.
Eine Weiterentwicklung aus dem Mizithra ist der zu den Brüh- oder Knetkäsesorten gehörende **Kasseri**. Man formt ihn zu großen, runden Laiben oder auch zu einer Wurstform. Durch eine Bearbeitung in Wasser, das auf 70 Grad erhitzt ist, wird er weitgehend pasteurisiert und mit einer Wachs- oder Plastikhülle konserviert. Im Gegensatz zu den vorigen Käsesorten ist er ein haltbarer Hartkäse.
Kefalotiri (2), ein pikant-salziger Hartkäse, wurde ursprünglich auch aus Schafs- oder Ziegenmilch hergestellt. Obwohl er im ganzen Lande verbreitet ist, trägt er vielfältige Namen: Pindos im Pindos-Gebirge, Skyros auf der Insel Skyros und Vouscos auf anderen Ägäis-Inseln. Eine weitere Namens-Variante ist Xynotiro.
Zu den neueren Käsesorten, die unter dem Einfluß mitteleuropäischer Käsefachleute entstanden sind, zählt der **Graviera**, der dem Gruyèr-Käse ähnelt. Die großen griechischen Käsereien verändern ihn allerdings mehr und mehr in Richtung Emmentaler.

Zwei Produkte, die eng mit dem Käse verwandt sind, ihm aber nicht zugerechnet werden, sind sogenannter **„abgetropfter Joghurt“** und **„Kajmak“**.

Der abgetropfte Joghurt entspricht in seiner Verwendung und in der Ähnlichkeit seiner Konsistenz dem deutschen Quark, doch geschmacklich unterscheidet er sich wesentlich.

Der Kajmak wird aus der Sahne der verschiedenen Milchsorten gewonnen. Er ist dick und schnittfähig und erinnert an Schmand, Crème fraîche oder dicke, saure Sahne. Trotzdem läßt er sich geschmacklich mit diesen nicht vergleichen, zumal Kajmak häufig aus Schafsmilch oder einer Mischung von Schafs- und Kuhmilch gewonnen wird.
Für den sogenannten „reifen Kajmak“ wird der Rahm von der Milch mehrerer aufeinanderfolgender Tage in Holzgefäßen gesammelt. Danach bleibt er noch einige Tage stehen. Kajmak übernimmt in den Ländern des Balkans und Orients weitgehend die Funktion von Butter und wird entsprechend zur Anreicherung von Speisen und Gebäck verwendet.
Für die griechische Bevölkerung war Käse schon immer das wichtigste eiweißhaltige Lebensmittel. Es ist daher nicht verwunderlich, daß die Griechen als Käsekonsumenten an zweiter Stelle der Weltrangliste stehen.

Griechische Weine

Der Wein ist seit altersher in Griechenland ein Volksgetränk.
Mit etwas mehr als 200 000 Hektar nimmt der Weinbau rund 10 % der landwirtschaftlich genutzten Fläche ein. Der Durchschnittsertrag liegt etwa bei 5 Mio. Hektolitern, wobei zu berücksichtigen ist, daß von der Traubenernte ein hoher Anteil auf Tafeltrauben entfällt oder zu Sultaninen bzw. Korinthen verarbeitet wird.

Von den rund 20 Rebsorten entfallen viele auf Muskateller- oder andere süße Sorten, doch sind inzwischen auch eine Reihe französischer Reben in Griechenland heimisch geworden. Die Anbaugebiete erstrecken sich über alle Teile des Landes.

Besonders ausgeprägt ist der Weinbau auf dem Peleponnes, auf dem Festland um Athen, in Thessalien, Epirus und Makedonien. Auf dem Peleponnes ist es vor allem die Gegend um Patras mit besonders schweren, süßen Weinen. Im Nordwesten des Peleponnes gedeihen die Trauben für den trockenen Weißwein **Demestika**.
Attika gilt als die Urheimat des **Retsina**, eines leicht geharzten Weines, der aus den Savatiano-Trauben gewonnen wird.

Aus den ähnlich säurebetonten Depina-Trauben wird in Thessalien und Makedonien ein trockener, frischer Weißwein gekeltert. In diesen Gegenden werden aber auch herbe, dunkle Rotweine unter dem Namen **Naussa-Wein** angeboten.

Auf den Inseln gibt es zahlreiche verschiedene und zum Teil auch sehr alte Rebsorten. Recht einheitlich dagegen ist der Anbau auf Samos mit rund 95 % Muskatellertrauben, die einen goldgelben, süßen Wein liefern.

Zu den berühmten Weininseln gehört auch Kreta mit schweren, körperreichen Rot- und Likörweinen. Auf den Kalk- und Vulkanböden von Santorin wachsen im feuchtwarmen Seeklima die Trauben für den **Vino Santo**, der unter Hinzufügung von Trockenbeeren ein besonders ausgeprägtes Aroma erhält. Völlig anders im Charakter ist der trockene **Marmari-Weißwein**, der von der Südspitze der Halbinsel Euböa kommt.

Wer Griechenland besucht, probiert am besten zunächst die Weine der unmittelbaren Umgebung.
Gut beraten ist auch jeder, der sich an die bekannten Markenweine hält, wie z. B. **Demestica**, **Hymettus**, **Santa Laura**, **Lindos** von der Insel Rhodos oder **Rombola** von Kephallenia.

Orektika

Vorspeisen

Kochilia Elinika

Scallops auf griechische Art (Foto S. 16/17)

1 Aubergine, ca. 300 g
3 Tomaten
1 Paprikaschote
5 Eßl. Olivenöl
1 Knoblauchzehe
Tomatenketchup
Salz
Pfeffer
250 g Scallops
(Kamm- oder Pilgermuscheln)
2 Eßl. gehackter Dill

Auberginen, Tomaten und Paprikaschote fein würfeln und im Olivenöl anbraten. Knoblauchzehe abziehen, fein hacken und mit etwa 2 Eßl. Tomatenketchup unter die Gemüsemasse heben. Salzen, pfeffern. Das Scallopsfleisch zerschneiden, zum Gemüse in die Pfanne geben und 2 – 3 Minuten unter ständigem Wenden garen. Zum Schluß dabei den Dill überstreuen und auf Muschelschalen servieren.

Melitzano salata

Auberginenpaste

In allen Balkanländern findet man Rezepte für Auberginenpaste, die gern als Vorspeise oder zu einer Art Polenta (Maisbrei) gegessen wird. Der wesentliche Geschmack dieses Gerichtes wird durch das Rösten der Auberginen über dem Holzkohlengrill erzielt. Dabei nimmt das Gemüsefleisch ein zartes Raucharoma an.

1 kg Auberginen
2 abgezogene Knoblauchzehen
Salz
125 ml (1/8 l) Olivenöl
Saft von 1 – 2 Zitronen
1/2 abgezogene violette Zwiebel
Pfeffer
Rosenpaprika
grüne und schwarze Oliven
Petersilie

Die Auberginen waschen, abtrocknen und auf dem Holzkohlengrill rösten, bis die Schale Blasen wirft und verbrannt aussieht.

Das Gemüse abkühlen lassen, die Stengelansätze entfernen und die Schale abziehen. Das Auberginenfleisch grob zerschneiden und im Mixer pürieren. Knoblauchzehen fein hacken, mit Salz verreiben und mit so viel Olivenöl und Zitronensaft in das Auberginenpüree geben, daß eine cremige Masse entsteht. Zwiebel fein reiben, hinzufügen und die Auberginenpaste mit Salz, Pfeffer, Rosenpaprika abschmecken, nochmals gut durchrühren.

In eine Schüssel füllen und mit schwarzen und grünen Oliven und Petersilie garnieren.

Keftedakia
Fleischbällchen

3 Scheiben Toastbrot
etwa 4 Eßl. Ouzo
1 große Zwiebel
8 Eßl. Olivenöl
500 g Rinderhack
1 Ei
1 Eßl. gehackte Minzblätter
½ abgezogene Knoblauchzehe
2 Teel. gerebelter Oregano
Salz, Pfeffer
Weizenmehl

Die Rinde des Toastbrotes abschneiden, die Scheiben mit Ouzo übergießen. Die Zwiebel abziehen, fein würfeln. 3 Eßl. Olivenöl erhitzen, die Zwiebelwürfel darin glasig dünsten, abtropfen lassen, zu dem Rinderhack geben. Die ausgedrückten Brotscheiben, das Ei und die gehackte Minze hinzufügen. Knoblauchzehe fein hacken, mit Salz verreiben, mit dem Oregano zu dem Rinderhack geben, alles gut durcharbeiten, bis eine geschmeidige Masse entstanden ist, evtl. etwas Wasser hinzufügen, mit Salz und Pfeffer abschmecken. Kleine Bällchen formen, etwa 1 Stunde kalt stellen. Das restliche Olivenöl erhitzen, die Fleischbällchen portionsweise darin unter häufigem Wenden braun braten.
Die Fleischbällchen warm oder kalt servieren.

Maridhes tighanites
Fritierte Stinte

300 g Stinte (kleine Sardinen oder Maränen)
Mehl zum Panieren
Öl zum Fritieren

Im allgemeinen werden die Fische im ganzen fritiert. Da dies in Deutschland nicht jedermanns Sache ist, können die Köpfe und Eingeweide auch entfernt werden. Die abgewaschenen und abgetropften Stinte in Mehl wenden und im heißen Fett ausbacken, bis die Oberfläche goldgelb ist. Noch warm servieren.

Kefalotiri sachanakji
Gebackener Käse

500 g Kefalotri-Käse
100 g Butter
Zitronensaft
Pfeffer

Den möglichst frischen Hartkäse in Würfel schneiden. Die Butter in der Pfanne auslassen,und die Käsewürfel unter mehrfachem Wenden soweit braten, bis sie eine braune Kruste erhalten. Mit Zitronensaft überträufeln, pfeffern und noch lauwarm zu Ouzo oder Bier servieren.

Dolmadakia

Gefüllte Weinblätter

(Foto)

Etwa 500 g eingelegte Weinblätter (aus der Dose)
150 g Zwiebeln
500 g gehacktes Kalbfleisch
5 Eßl. Langkornreis
1 Teel. gerebelte Minze
1 Eßl. gehackte Petersilie
1 Eßl. gehackter Dill
Zimt
Salz
Pfeffer
2 Eßl. Olivenöl
Hühnerbrühe
Saft von 1 Zitrone

Die Weinblätter vorsichtig auseinanderfalten, unter fließendem Wasser abspülen, trockentupfen. Die Zwiebeln abziehen, sehr fein hacken und mit dem Hackfleisch vermengen. Den Reis mit kochendem Wasser übergießen, nach etwa 5 Minuten auf einem Sieb abtropfen lassen, zu dem Fleisch geben. Minze, Petersilie und Dill hinzufügen, alles gut verkneten und die Hackfleischmasse mit Zimt, Salz und Pfeffer abschmecken, das Olivenöl unterkneten.
Jeweils 1 Eßl. der Hackfleischmasse auf ein Weinblatt legen, das Blatt zusammenfalten und mit dünnem Küchengarn umwickeln.
Eine Kasserolle mit den restlichen Weinblättern auslegen, die Röllchen daraufschichten und so viel Hühnerbrühe dazugießen, daß sie knapp bedeckt sind. Zitronensaft darüberträufeln, die Kasserolle verschließen. Die Weinblätter bei schwacher Hitze etwa 1 Stunde dünsten, im Topf erkalten lassen, herausnehmen und servieren.
Veränderung: Gefüllte Weinblätter können auch warm serviert werden, dann wird die Brühe mit Eigelb und Zitronensaft etwas gebunden.

Oktapodhi vrasto

Gedünsteter Oktopus

400 g kleine Kraken
500 ml (1/2 l) trockener Weißwein
1 große Zwiebel
4 enthäutete Tomaten
4 Eßl. Olivenöl
Salz
Pfeffer

Die abgewaschenen Kraken in mehrere Stücke zerschneiden und mit der gehackten Zwiebel etwa 45 Minuten in Wein garen. Notfalls noch etwas Wein nachgießen.
Sobald die Flüssigkeit im Topf fast verdampft ist, die Tomaten zugeben, kräftig durchhitzen lassen und mit dem Öl überträufeln. Salzen, pfeffern und heiß servieren.

Taramosalata

Fischrogen-Dip

5 – 6 Scheiben Weißbrot ohne Rinde
1 – 2 große rote Zwiebeln
125 ml (1/8 l) Zitronensaft
etwa 150 g Karpfen-, Dorsch- oder Lachsrogen
125 ml (1/8 l) Olivenöl
Salz
Minzblätter oder Petersilie

Die Brotscheiben in Wasser einweichen. Die Zwiebeln abziehen, durch den Fleischwolf drehen oder im Mixer pürieren.
Zitronensaft und das gut ausgedrückte Brot hinzufügen, alles zu einer geschmeidigen Masse verarbeiten.
Den Fischrogen teelöffelweise dazugeben und jeweils so lange verrühren, bis er sich in der Brotmasse aufgelöst hat.
Das Olivenöl nach und nach unter ständigem Rühren zugießen. Nach Belieben mit Salz abschmecken. Falls die Masse noch nicht cremig genug ist, noch etwas Olivenöl unterrühren. Im Kühlschrank einige Stunden fest werden lassen.
In einer Schale servieren, mit frischen Minzblättern oder Petersilie garnieren.

Als Dip oder Brotaufstrich reichen.

Melitzanes me garides

Auberginen mit Garnelen

750 g Auberginen
Salz
50 g Weizenmehl
etwa 250 ml (1/4 l) Olivenöl
500 g Zwiebeln
2 Knoblauchzehen
750 g enthäutete Tomaten
Pfeffer
frischer oder gerebelter Thymian
etwa 500 g Riesengarnelen
1 Eßl. Semmelmehl
frischer Rosmarin

Die Auberginen waschen, abtrocknen, in etwa 2 – 3 cm dicke Scheiben schneiden, mit Salz bestreuen, etwa 1 Stunde ziehen lassen.
Die Auberginenscheiben trockentupfen, in Mehl wenden.
2/3 des Olivenöls erhitzen. Die Auberginenscheiben darin von beiden Seiten goldgelb braten (jede Seite etwa 2 Minuten), auf Küchenpapier abtropfen lassen.
Zwiebeln abziehen, in Scheiben schneiden, Knoblauchzehen abziehen, fein hacken. Die Tomaten grob hacken. 3 – 4 Eßl. Olivenöl erhitzen, Zwiebelscheiben darin goldgelb dünsten. Knoblauch und Tomaten hinzufügen, mit Salz, Pfeffer, gehacktem oder gerebeltem Thymian würzen, in etwa 25 Minuten zu einer dicklichen Masse einkochen lassen,

ab und zu vorsichtig umrühren (Tomatenstücke sollen nicht ganz verkochen).
Die gepulten Garnelen in etwa 2 cm große Stücke schneiden, zu den Tomaten geben, vorsichtig umrühren, miterhitzen.
Die Auberginenscheiben auf ein mit Öl bestrichenes Backblech legen.
Die Tomatenmasse darauf verteilen, mit Semmelmehl bestreuen und im vorgeheizten Backofen bei 225 Grad etwa 10 Minuten backen lassen.
Die erkalteten Auberginenscheiben vor dem Servieren mit feingehacktem Rosmarin bestreuen.

Avgha vrasta me jemisi

Gefüllte Eier nach zyprischer Art

8 hartgekochte Eier
8 Anchovisfilets
etwa 50 g Feta-Käse
1 Röhrchen Kapern
6 Eßl. Olivenöl
Saft von 1/2 Zitrone
Estragonessig
1 Messerspitze Senfpulver
Salz
glatte Petersilie

Die Eier pellen, längs halbieren. Die Eigelbe in eine Rührschüssel geben und mit den feingehackten Anchovis und dem zerbröckelten Feta-Käse zu einer Paste verrühren. Gehackte Kapern, Olivenöl, Zitronensaft und etwas Essig hinzugeben. Mit Senfpulver und Salz abschmecken.
Die Masse in die Eierhälften füllen, mit glatter Petersilie garnieren.

Revithosalata

Kichererbsen-Vorspeise

Revithosalata ist besonders bei den zypriotischen und den in Vorderasien lebenden Griechen beliebt.

500 g Kichererbsen
1 abgezogene Knoblauchzehe
Salz
2 Eßl. gemahlene Sesamsaat
1 Eßl. Soumak (säuerlich schmeckendes, rotbraunes Gewürz vom Soumak-Strauch)
4 Eßl. Zitronensaft
Olivenöl
Rosenpaprika

Die Kichererbsen waschen und in reichlich Wasser gar kochen, abtropfen und erkalten lassen. In einem Mixer pürieren und die feingehackte, mit Salz verriebene Knoblauchzehe, Sesamsaat und Soumak hinzufügen. Mit Zitronensaft und Olivenöl zu einer cremigen Masse verschlagen, mit Salz und Rosenpaprika abschmecken.

Tzatziki

Gurken-Joghurt-Dip

(Foto)

500 g Salatgurken
500 g Joghurt oder saure Sahne
1 abgezogene Knoblauchzehe
2 Eßl. feingehackte Minze
Olivenöl
Salz
schwarze Oliven
Petersilie

Die Gurken waschen, halbieren, die Kerne entfernen und das Gurkenfleisch fein würfeln oder raspeln. Den Joghurt und die feingehackte Knoblauchzehe hinzufügen, gut verrühren, mit Minze, Olivenöl und Salz abschmecken. In einer Schüssel anrichten und mit schwarzen Oliven und Petersilie garnieren.

Kokoretsi

Gegrillte Lammspießchen

Je 125 g Lamm-Innereien
(Herz, Leber, Lunge, Nieren)
4 gleichmäßig geformte
rote Zwiebeln
2 Knoblauchzehen
Salz
5 Eßl. Olivenöl
2 Eßl. Oregano
Pfeffer

Die Innereien in gleichgroße Stückchen schneiden, jeweils in vier Portionen teilen. Einen dünnen Metallspieß leicht einfetten, abwechselnd die vier Fleischsorten und je eine Zwiebelscheibe auf den Spieß stecken. Die Knoblauchzehen abziehen, zerdrücken, mit Salz verreiben, mit Öl und Oregano verrühren. Das Fleisch mit dieser Ölmischung bepinseln, pfeffern und über einem Holzkohlengrill garen.

Tirakia tighanita

Käsebällchen

2 Eiweiß
1 Tasse geriebener Kefalotiri-Käse
frisch gemahlener Pfeffer
Olivenöl zum Ausbacken
evtl. Weizenmehl

Die Eiweiß sehr steif schlagen, den geriebenen Käse unterrühren, die Masse mit Pfeffer würzen und kleine Bällchen daraus formen. Olivenöl bis zum Siedepunkt erhitzen, die Käsebällchen portionsweise schwimmend darin goldbraun ausbacken, auf Küchenpapier abtropfen lassen.
Sollte die Eiweiß-Käse-Masse zu flüssig sein, fügt man noch etwas geriebenen Käse hinzu oder bestäubt die Hände bei der Zubereitung der Bällchen mit Weizenmehl.

Supes
Suppen

Tzatziki supa

Kalte Gurkensuppe

(Foto S. 26/27)

1 kg Salatgurken
400 g Joghurt
½ abgezogene Knoblauchzehe
Salz
1 Eßl. Olivenöl
1 Eßl. Zitronensaft
je 1 Eßl. gehackte Kräuter
(Dill, Petersilie, Minze)

Gurken schälen, halbieren, Kerne entfernen, das Gurkenfleisch in Stücke schneiden, Joghurt hinzufügen und in einem Mixer alles zu einer einheitlichen Masse pürieren. Knoblauch fein hacken, mit etwas Salz verreiben und mit Olivenöl, Zitronensaft und gehackten Kräutern in die Gurkenmasse geben. Noch einmal gut durchrühren und vor dem Servieren mindestens eine Stunde in den Kühlschrank stellen. Je nach vorhandenen Kräutern kann in die Suppe auch nur Minze oder Dill gegeben werden.

Tomatosupa

Tomatensuppe

500 ml (½ l) Tomatensaft
500 ml (½ l) Fleischbrühe
2 Eßl. Tomatenmark
6 Tomaten
4 Eßl. Olivenöl
100 g Sellerieknolle
(vorbereitet gewogen)
4 Eßl. gehackte Petersilie oder Dill
Pfeffer, Salz
8 Eßl. gekochter Langkornreis

Tomatensaft und Fleischbrühe erhitzen, Tomatenmark einrühren. Die Tomaten kurz in kochendes Wasser geben, in kaltem Wasser abschrecken, enthäuten, kleinschneiden, in die Flüssigkeit geben. Das Olivenöl erhitzen, die sehr fein gehackte Sellerieknolle darin hellbraun dünsten lassen, in die Suppe geben, etwa 10 Minuten schwach kochen lassen. Kräuter unterheben, mit Peffer und Salz abschmecken. Den gekochten Reis auf Teller verteilen und die Suppe darübergießen.

Kakavia

Griechische Fischsuppe

1 – 2 kg Gräten und Köpfe vom
Heilbutt oder anderen großen
Meeresfischen
Salz
2 Lorbeerblätter
etwa 1 ¼ kg Filetstücke verschiedener Meeresfische
nach Belieben einige gepulte Scampi
oder Muschelfleisch
Saft von 2 Zitronen

2 Möhren
1 Stange Staudensellerie
2 Kartoffeln
2 Zwiebeln
2 Knoblauchzehen
6 enthäutete Tomaten
6 Eßl. Olivenöl
250 ml (1/4 l) trockener Weißwein
Pfeffer
nach Belieben gekörnte Brühe
12 dünne Scheiben Stangenweißbrot
3 Eßl. gehackte Petersilie

Fischgräten und -köpfe in einem großen Topf mit so viel Wasser aufsetzen, daß alles gut bedeckt ist. Salz und Lorbeerblätter hinzufügen. Zugedeckt bei schwacher Hitze kochen lassen.
Fischfilet säubern, mit Zitronensaft beträufeln, mit Salz einreiben und kühlstellen.
Möhren putzen, schrappen. Staudensellerie putzen, Kartoffeln schälen. Gemüse und Kartoffeln waschen, in Scheiben schneiden. Zwiebeln und Knoblauchzehen abziehen, Zwiebeln in Scheiben schneiden, Knoblauch fein hacken. Enthäutete Tomaten in Scheiben schneiden.
Das Olivenöl in einer Kasserolle erhitzen und die vorbereiteten Zutaten darin andünsten. Nach etwa 5 Minuten Weißwein hinzugießen.
Den Fischsud etwas einkochen lassen, etwa 2 Liter davon abmessen und durch ein Sieb in einen großen Topf gießen. Fischfilet hineingeben, in dem Sud gar ziehen lassen. Das Gemüse mit dem Weißwein hineingeben, die Suppe mit Salz und Pfeffer und nach Belieben mit gekörnter Brühe abschmecken.
Den restlichen Zitronensaft in die Suppe geben.
Die Weißbrotscheiben leicht anrösten, in Suppentassen legen, mit Petersilie bestreuen und die Fischsuppe darauf verteilen.

Supa avgolemono
Zitronensuppe

1 l kräftige Hühnerbrühe
50 g Reis oder dünne Fadennudeln
4 Eier
Saft von 1 Zitrone
Salz
weißer Pfeffer

Die Brühe erhitzen und den Reis bzw. die Nudeln darin garen.
Die Eier in einer Schüssel mit einem Schneebesen kräftig verschlagen, langsam den Zitronensaft zugeben. Nach und nach 1 bis 2 Tassen heiße Brühe unterrühren, die Suppe vom Herd nehmen und die nunmehr leicht erwärmte Eiermasse unter ständigem Rühren in die heiße Suppe geben. Sofort servieren.

Supa me garides

Garnelensuppe (Foto)

1/2 Sellerieknolle
1 Zwiebel
2 Möhren
1 mittelgroße Stange Porree
125 g Butter
750 ml (3/4 l) Fisch- oder Fleischbrühe
250 ml (1/4 l) Weißwein
2 Eßl. Weizenmehl
2 Eigelbe
250 g gepulte Garnelen
Salz
Pfeffer

Sellerie putzen, waschen, in kleine Würfel schneiden. Die Zwiebel abziehen, fein hacken. Die Möhren putzen, schrappen, waschen, in Stifte schneiden. Porree putzen, in dünne Scheiben schneiden, gründlich waschen. Die Butter zerlassen, das Gemüse darin glasig dünsten lassen. Die Brühe hinzugießen und alles bei schwacher Hitze etwa 20 Minuten kochen. Den Wein hinzugießen und bis zum Siedepunkt erhitzen.
Das Weizenmehl mit etwas Wasser anrühren, die Gemüsebrühe damit andicken, nochmals zum Kochen bringen und von der Kochstelle nehmen.
Die Eigelbe mit etwas heißer Brühe verrühren, in die Suppe geben, unterrühren.
Die Garnelen in die Suppe geben, miterhitzen und die Suppe mit Salz und Pfeffer abschmecken.

Beigabe: Sesamhörnchen.

Veränderung: Garnelen auf die einzelnen Teller verteilen und die Suppe darübergeben.

Kastanosupa

Maronensuppe

300 g Maronen
1 l Fleischbrühe
2 Eigelbe
1 Becher Sahne
3 Eßl. gehackte Petersilie
Salz, weißer Pfeffer

Maronen einkerben und etwa eine Stunde kochen. Abschälen und zerkleinern. In eine Rührschüssel geben, etwas Fleischbrühe aufgießen und mit dem elektrischen Rührgerät pürieren. Mit der restlichen Fleischbrühe in einen Topf geben und aufkochen. Die Eidotter mit Sahne verquirlen, den Topf vom Herd nehmen und vorsichtig die Ei-Sahne-Mischung unterheben. Mit Petersilie, Salz und Pfeffer abschmecken.

In Griechenland verfeinert man diese Suppe im allgemeinen nicht mit Sahne, verwendet aber dafür oft mehr Eigelb.

Salates
Salate

Salata tonos

Thunfischsalat

(Foto S. 32/33)

4 hartgekochte Eier
1 violette oder weiße Zwiebel
1 Aubergine
4 Eßl. Olivenöl
200 g Thunfisch in Öl
(aus der Dose)
3 Eßl. Zitronensaft
Salz
Pfeffer
gerebeltes Basilikum

Die hartgekochten Eier pellen und grob hacken.
Die Zwiebel abziehen, in Scheiben schneiden, in Ringe teilen.
Die Aubergine der Länge nach vierteln und in dünne Scheiben schneiden.
Das Olivenöl erhitzen und die Auberginenscheiben unter ständigem Wenden goldbraun darin braten lassen.
Alle Zutaten miteinander vermengen.

Den Thunfisch abtropfen lassen, etwas zerpflücken und mit dem Zitronensaft unterheben.

Den Thunfischsalat mit Salz, frisch gemahlenem Pfeffer und gerebeltem Basilikum abschmecken, sofort servieren.

Bamies kries

Okra-Salat

Etwa 800 g frische Okra
Sonnenblumen- oder Maisöl
zum Ausbacken
3 violette oder
weiße Zwiebeln
6 große enthäutete Tomaten
8 Eßl. Zitronensaft
Salz
Pfeffer

Die Okra gut waschen, die Stielenden abschneiden.
Das Ausbackfett bis zum Siedepunkt erhitzen und die gut abgetropften Okra darin backen, bis sie sich leicht zu verfärben beginnen.
Mit einem Schöpflöffel herausnehmen und in eine Kasserolle geben.
Die Zwiebeln abziehen, grob zerschneiden und ebenfalls in dem Ausbackfett bräunen.
Herausnehmen und mit den Tomaten in einem Schmortopf verrühren, nach kurzem Aufkochen den Zitronensaft hinzugießen. Mit Salz und Pfeffer würzen, zu einer dicklichen Sauce einkochen lassen und über die Okra geben.
Die Okra im Backofen bei mittlerer Hitze garen lassen, evtl. etwas Fleischbrühe oder Wasser dazugießen.
Den Okra-Salat vor dem Servieren erkalten lassen.

Salata angouri
Gurkensalat

500 g Burghul
(vorgegartes Weizenschrot)
3 Bund Petersilie
2 Bund Frühlingszwiebeln
500 g Salatgurken
250 g enthäutete Tomaten
1 rote Paprikaschote
8 Eßl. Olivenöl
6 Eßl. Zitronensaft
1 – 2 Eßl. gehackte Minze
Salz
Pfeffer
Rosenpaprika
Oliven

Den Burghul eine Stunde in kaltem Wasser stehenlassen, abgießen und trocknen.
Petersilie waschen, Frühlingszwiebeln abziehen, putzen. Beide Zutaten fein hacken.
Gurken waschen, halbieren, entkernen, das Gurkenfleisch in kleine Würfel schneiden. Tomaten kleinschneiden. Paprikaschote putzen, waschen, in feine Würfel schneiden. Die Zutaten mit Olivenöl und Zitronensaft vermengen. Den Burghul nach und nach dazugeben. Gehackte Minze unterrühren, den Salat mit Salz, Pfeffer und Paprika abschmecken. 1 – 2 Stunden gut durchziehen lassen und mit Oliven garniert servieren.

Fasulia salata
Weiße Bohnen-Salat

400 g weiße Bohnen
1 großes Lorbeerblatt
6 Eßl. Olivenöl
2 Eßl. Weinessig
1 Eßl. Zitronensaft
2 rote Zwiebeln
1 Knoblauchzehe
2 enthäutete Tomaten
1 Eßl. Oregano
½ Tasse schwarze Oliven
2 Eßl. Petersilie
Salz
Pfeffer
1 rote Paprikaschote

Weiße Bohnen in Wasser zusammen mit dem Lorbeerblatt über Nacht einweichen lassen.
Bei mittlerer Temperatur gar kochen, Wasser abgießen und Lorbeerblatt entfernen.
Olivenöl, Essig und Zitronensaft sowie die abgezogenen und feingewürfelten Zwiebeln und zerdrückte Knoblauchzehe unterheben.
Tomaten zerschneiden, mit Oregano überstreuen und mit den entkernten, gehackten Oliven unter die Bohnen heben.
Mit Petersilie, Salz und Pfeffer abschmecken.
Einige Stunden durchziehen lassen und mit dünnen Paprikastreifen garniert servieren.

Choriatikia

Griechischer Salat

(Foto)

4 kleine Zucchini
4 Eßl. Olivenöl
1 Eßl. gehackter Dill
2 Eßl. Nußöl
2 Eßl. Zitronensaft
1 Eßl. Estragonessig
Pfeffer
Salz
Zucker
4 große enthäutete Tomaten
je 1 große rote und grüne Paprikaschote
2 abgezogene, violette Zwiebeln
250 g in Lake eingelegter griechischer oder bulgarischer Schafskäse
2 Eßl. gehackte glatte Petersilie
1 Teel. gehackte Minze oder Zitronenmelisse
1 Kopf Salat

Die Zucchini putzen, waschen, in Scheiben schneiden. Olivenöl erhitzen, die Zucchinischeiben darin glasig bis leicht bräunlich anbraten lassen, mit Dill bestreuen.
Die Bratflüssigkeit in eine Schüssel geben, mit Nußöl, Zitronensaft, Estragonessig, Pfeffer, Salz und Zucker verrühren.
Tomaten in Scheiben schneiden, Paprikaschoten putzen, waschen, in Streifen schneiden. Die Zwiebeln in Scheiben schneiden. Tomaten, Paprika und Zwiebeln mit der Marinade vermengen. Die abgekühlten Zucchinischeiben, den zerbröckelten Schafskäse und die gehackten Kräuter dazugeben, alles gut vermengen und etwa eine Stunde im Kühlschrank gut durchziehen lassen. Vor dem Servieren die gewaschenen, zerpflückten Salatblätter unterheben.

Melitzano salata

Auberginensalat

600 g Auberginen
2 Knoblauchzehen
3 Eßl. Olivenöl
1 – 2 Eigelbe
100 g geriebener Kefalotiri-Käse (auch Parmesan- oder anderer geriebener Hartkäse)
Saft von 1 Zitrone
Salz
Pfeffer

Die Auberginen mit einer Gabel rundherum anstechen und im Backofen so lange backen, bis sie weich sind. Die Haut abziehen und zusammen mit den abgezogenen und feingewürfelten Knoblauchzehen in einem Mörser durcharbeiten. Dabei das Olivenöl einträufeln, das Eigelb sowie den Käse unterheben und mit Zitronensaft abschmecken. Nach Belieben salzen und pfeffern.

Pandsari salata
Rote Bete-Salat

500 g Rote Bete mit Grün
1 violette Zwiebel
2 Eßl. Olivenöl
1 Eßl. Zitronensaft
Salz
Pfeffer

Rote Bete von Stielen, Blättern und Wurzeln befreien.
Die Knollen gut waschen, in Salzwasser zum Kochen bringen.
Stiele und Blätter waschen, Stiele abschneiden, in Stücke schneiden, nach 30 Minuten zu den Rote Bete-Knollen geben.
Nach weiteren 30 Minuten die Blätter hinzufügen, noch 15 Minuten kochen lassen.
Die Knollen mit kaltem Wasser übergießen, die Schale abziehen.
Die Knollen quer halbieren, in dünne Scheiben schneiden.
Blätter und Stiele gut abtropfen lassen, grob hacken.
Zwiebel abziehen, in Scheiben schneiden.
Aus Olivenöl, Zitronensaft, Salz und Pfeffer eine Marinade bereiten, mit den Zutaten vermengen.
Einige Stunden im Kühlschrank durchziehen lassen.

Salata kolokithakia
Zucchini-Salat

500 g Zucchini
4 Eßl. Olivenöl
2 Eßl. Zitronensaft
2 Eßl. gehackter Dill
Salz
Zucker
Streuwürze

Die Zucchini putzen, waschen, abtrocknen, in Scheiben schneiden. Olivenöl erhitzen und die Zucchinischeiben portionsweise darin kurz anbraten, jedoch nicht bräunen lassen. Abkühlen lassen und mit Zitronensaft und Dill vermengen. Mit Salz, Zucker und Streuwürze abschmecken.

Portokalia me elies ke diosmo
Orangensalat mit Minze

3 – 4 große Orangen
100 g schwarze Oliven
1 violette Zwiebel
1 Eßl. Olivenöl
1 Eßl. Zitronensaft
2 Eßl. gehackte Minze
1 Teel. gerebelter Oregano
Salz
Pfeffer

Orangen schälen, von Häuten und Kernen befreien und grob zerschneiden. Die entkernten Oliven halbieren oder vierteln und mit den Orangen vermischen. Die Zwiebel abziehen, in Scheiben schneiden, in Ringe teilen und unter den Salat heben. Mit Öl, Zitronensaft und den Gewürzen abschmecken.

Als Vorspeise, Beilage zu Fleischgerichten oder als Zwischengericht servieren.

Salata me koukia freska

Grüne Bohnen-Salat

600 g große Grüne Bohnen
Salz
2 Knoblauchzehen
etwas frisches Fenchelkraut
6 Eßl. Olivenöl
4 Eßl. Zitronensaft
Estragonessig

Die Bohnen putzen, waschen und in Salzwasser gar kochen, abtropfen lassen und grob zerschneiden. Die Knoblauchzehen abziehen, hacken, mit Salz und dem feingeschnittenen Fenchelkraut verreiben. Olivenöl, Zitronensaft und Essig dazugeben. Die Bohnen unterheben, gut mit der Marinade vermengen, eine Stunde kalt stellen.

Sparangja salata

Spargelsalat

500 g Spargel
6 Eßl. Olivenöl
1 Eßl. Zitronensaft
1 – 2 Teel. Senf
Salz, Pfeffer
Streuwürze

Den Spargel schälen und in gewohnter Weise in Salzwasser garen. Olivenöl mit Zitronensaft und Senf gut verquirlen. Den abgetropften Spargel in kleine Stücke schneiden, mit der Sauce übergießen und mehrfach wenden. Nach Bedarf würzen.

Radhikia salata

Löwenzahnsalat

5 Eßl. Olivenöl
2 Eßl. Estragonessig
2 Eßl. Zitronensaft
½ gehackte Knoblauchzehe
Salz
4 – 8 Löwenzahnpflanzen

Olivenöl mit Estragonessig und Zitronensaft gut verrühren. Knoblauch mit Salz verreiben, in die Marinade geben.
Löwenzahnblätter putzen, waschen, kleinschneiden, in die Marinade geben, sofort servieren.

Pfeffer

Psaria ke Thalasina

Fische und Meerestiere

Psari plaki

Gebackener Fisch mit Tomaten (Foto S. 40/41)

1 Rotbarsch oder Schellfisch
(etwa 1 1/2 kg)
Salz
Pfeffer
2 Teel. gerebelter Oregano
Saft von 1 Zitrone
3 Zwiebeln
6 Eßl. Olivenöl
4 – 6 Tomaten
2 Eßl. gehackte Petersilie
Zitronenscheiben

Den Fisch schuppen, ausnehmen, Flossen und Schwanz entfernen, den Fisch unter fließendem kalten Wasser gut abspülen, trockentupfen. Seitlich mit einem scharfen Messer mehrfach einkerben. Die Schnittstellen mit einer Mischung aus Salz, Pfeffer und Oregano gut einreiben, den Fisch mit Zitronensaft beträufeln.

Die Zwiebeln abziehen, in Scheiben schneiden, Olivenöl erhitzen, Zwiebelscheiben darin anbraten, mit dem Bratfett in eine feuerfeste Auflaufform geben.

Die Tomaten in kochendes Wasser geben, in kaltem Wasser abschrecken, enthäuten, grob zerschneiden und einen Teil der Tomatenstücke zwischen die Zwiebelscheiben geben. Den Fisch darüberlegen, mit den restlichen Tomatenstücken bedecken, mit gehackter Petersilie bestreuen und im vorgeheizten Backofen bei 200 bis 225 Grad etwa 35 bis 40 Minuten garen lassen. Mit Zitronenscheiben servieren.

Sardeles oder Tsichias plaki

Gebackene Sardinen

800 g Sardinen
Olivenöl zum Ausfetten
1 – 2 Stangen Staudensellerie
1 große Gemüsezwiebel
2 Knoblauchzehen
3 Eßl. gehackte Petersilie
500 g pürierte Tomaten
Salz
Pfeffer

Von den Sardinen Kopf und Innereien entfernen, waschen, abtropfen lassen und in eine ausgefettete, feuerfeste Form legen. Staudensellerie und die abgezogene Zwiebel in etwa 2 – 3 cm lange Stücke schneiden und über den Fischen verteilen. Den Knoblauch abziehen, fein hacken oder durchpressen und zusammen mit der Petersilie in das Tomatenpüree rühren. Über das Gemüsebett gießen. Nach Belieben salzen und pfeffern. Bei mittlerer Temperatur etwa 30 Minuten im Backofen backen.

Psari me saltsa kremidia
Gebackener Fisch mit Zwiebeln

3 Zwiebeln
3 enthäutete Fleischtomaten
2 Eßl. gehackte Petersilie
1 Eßl. Kapern
5 Eßl. Olivenöl
1 kg Kabeljaufilet
2 Eßl. Zitronensaft
Salz
Pfeffer

Die Zwiebeln abziehen, in Scheiben schneiden, einige Minuten in kochendes Wasser legen. Herausnehmen, abtropfen lassen, die Flüssigkeit auffangen.
Die Tomaten grob zerteilen und den Boden eines Schmortopfes damit auslegen. Petersilie und Kapern darüberstreuen, das Olivenöl dazugießen.
Kabeljaufilet unter fließendem kalten Wasser abspülen, trockentupfen, auf den Tomaten verteilen. Mit Zitronensaft beträufeln, die Zwiebelringe darauflegen und etwa 6 – 8 Eßl. der Zwiebelflüssigkeit dazugießen. Den Schmortopf mit Alufolie bedecken und im vorgeheizten Backofen bei mittlerer Temperatur garen, bis die Flüssigkeit kocht. Alufolie entfernen und den Fisch noch etwa 5 Minuten backen lassen.

Garides saganaki tourkolimano
Garnelen-Pfanne

6 Eßl. Olivenöl
2 mittelgroße Zwiebeln
6 Tomaten
2 Knoblauchzehen
250 ml (1/4 l) Weißwein
125 ml (1/8 l) kräftige Hühnerbrühe
Salz
3 Eßl. gehackter Dill
1 Eßl. gehackte Petersilie
1/2 Teel. Safranfäden
300 g Feta-Käse
600 g Langustenschwänze oder Scampi

Das Olivenöl in einer schweren Kasserolle erhitzen, die abgezogenen, gehackten Zwiebeln darin leicht bräunen lassen. Die Tomaten in kochendes Wasser geben, in kaltem Wasser abschrecken, enthäuten, kleinschneiden und zu den Zwiebeln geben. Knoblauchzehen abziehen, hacken, mit Salz verreiben und in die Tomatenmasse geben. Weißwein und Brühe hinzugießen, alles gut verrühren, aufkochen lassen, gehackte Kräuter und Safranfäden unterheben.
Den Feta-Käse in kleine Würfel schneiden, hineinrühren.
Garnelen pulen, in die Sauce geben und miterhitzen.

Garides me saltsa

Langustenschwänze in Weinsauce

(Foto)

75 g Butter
2 kleine abgezogene Zwiebeln
1/2 abgezogene Knoblauchzehe
4 Tomaten
250 ml (1/4 l) trockener Weißwein
2 Eßl. gehackte Petersilie
1/2 Teel. gerebelter Oregano
Salz
Pfeffer
500 g Langustenschwänze oder Scampi

Die Butter in einer Kasserolle zerlassen.
Zwiebeln und Knoblauchzehe fein hacken und unter ständigem Rühren etwa 3 Minuten in der Butter goldgelb dünsten lassen.
Die Tomaten kurz in kochendes Wasser legen, in kaltem Wasser abschrecken, enthäuten, kleinschneiden, hinzufügen und nach etwa 2 Minuten den Wein und die gehackten Kräuter dazugeben, gut verrühren, mit Salz und Pfeffer würzen. Die Sauce bei schwacher Hitze warm halten.
Die Garnelen pulen, in die Weinsauce geben, miterhitzen.

Langustenschwänze in Weinsauce mit Reis als Vorspeise servieren.

Psari savouri

Fischfilets in Tomatensauce

1 kg Fischfilets (in 4 oder 8 Scheiben geschnitten)
Salz
Weizenmehl
125 ml (1/8 l) Olivenöl
500 g Tomaten
2 Eßl. Tomatenmark
3 Eßl. Zitronensaft
1 Lorbeerblatt
Salz, Pfeffer
1 Knoblauchzehe (nach Belieben)

Die Filetscheiben unter fließendem kalten Wasser abspülen, trockentupfen, in Weizenmehl wenden. Das Olivenöl erhitzen, den Fisch darin von beiden Seiten braun braten, herausnehmen, warm stellen. Die Tomaten kurz in kochendes Wasser geben, in kaltem Wasser abschrecken, enthäuten, in kleine Stücke schneiden und zu dem verbliebenen Bratfett geben. Tomatenmark unterühren, Zitronensaft und Lorbeerblatt hinzufügen.
Knoblauchzehe abziehen, fein würfeln, dazugeben.
Die Sauce unter ständigem Rühren etwas einkochen lassen, über die Fischfilets verteilen, lauwarm servieren.

Beigabe: Bauernbrot und Grüner Salat.

Psari skhara
Gegrillter Fisch

4 große Scheiben Thunfisch, Schwertfisch oder Lachs
1 Teel. Salz
1/2 Teel. gerebelter Oregano
Pfeffer
4 Eßl. Zitronensaft
3 Eßl. Olivenöl
Olivenöl zum Ausfetten
1 rote Zwiebel
1 Eßl. gehackte Petersilie

Die Fischscheiben unter fließendem kalten Wasser abspülen, trockentupfen und mit einer Mischung aus Salz, Oregano und Pfeffer einreiben.
Zitronensaft mit Olivenöl verrühren.
Die Fischscheiben von beiden Seiten damit bestreichen und etwa 15 Minuten stehenlassen. Gut abtropfen lassen.
Einen Rost mit etwas Öl bestreichen, die Fischscheiben darauflegen und über Holzkohlenglut von jeder Seite etwa 4 bis 6 Minuten grillen, dabei mehrmals mit der Zitronen-Öl-Mischung bestreichen.
Die Zwiebel abziehen, in Scheiben schneiden, in Ringe teilen, den gegrillten Fisch damit garnieren, das restliche Zitronen-Öl-Gemisch darüber gießen und alles mit gehackter Petersilie bestreuen.

Psari me kolokithia
Fischauflauf mit Zucchini

1 – 1 1/4 kg Seelachs- oder Rotbarschfilet
Salz
Pfeffer
2 Eßl. Olivenöl
2 abgezogene Zwiebeln
1 – 2 abgezogene Knoblauchzehen
2 Eßl. gehackte Petersilie
1 Eßl. gehackte Minze
4 mittelgroße enthäutete Tomaten
1/2 Teel. Zucker
2 Messerspitzen Zimt
125 ml (1/8 l) Fleischbrühe
4 mittelgroße Zucchini
Saft von 1/2 Zitrone

Den Fisch unter fließendem kalten Wasser abspülen, trockentupfen, mit Salz und Pfeffer einreiben. Olivenöl in einer Pfanne erhitzen, die in Scheiben geschnittenen Zwiebeln, den gehackten Knoblauch, Petersilie und Minze darin anbraten. Die enthäuteten Tomaten kleinschneiden, hinzufügen. Mit Salz, Pfeffer, Zucker und Zimt würzen und nach etwa einer Minute die Brühe dazugießen. Zugedeckt etwa 15 Minuten bei schwacher Hitze kochen lassen, in eine feuerfeste Auflaufform füllen. Die Zucchini von den Stengelansätzen befreien, waschen, abtrocknen und in Scheiben schneiden. Die Zucchinischeiben auf die

Tomatenmasse schichten, den Fisch darauflegen.
Den Auflauf im vorgeheizten Backofen bei 175 Grad etwa 20 Minuten garen.

Mit Zitronensaft beträufeln und sofort servieren.

Righanokjeftedhes piljoritikji

Knusperbällchen aus Dorschrogen

350 g Dorschrogen
400 g gekochte Kartoffeln
2 pürierte Zwiebeln
1 Ei
2 Eßl. gerebelter Majoran
Semmelbrösel
Mehl
Öl zum Ausbacken

Die Rogenstücke kleinschneiden. Zusammen mit den Kartoffeln, Zwiebeln und dem ganzen Ei mit dem Handrührgerät zu einem gleichmäßigen Brei durcharbeiten. Dabei den Majoran einstreuen.
Soviel Semmelbrösel zugeben, daß sich die Masse gut zu kleinen Bällchen formen läßt.
In Mehl wälzen und in Öl ausbacken.
Als Zwischengericht oder Snack servieren.

Ktapodi krassato

Polypen in Weinsauce

800 g Polypen (Oktopus)
6 Eßl. Olivenöl
2 Zwiebeln
1 Knoblauchzehe
1 Lorbeerblatt
500 ml (1/2 l) trockener Rotwein
250 g Tomaten
3 Eßl. Tomatenmark
Salz
Pfeffer

Die Polypen unter fließendem kalten Wasser waschen, trockentupfen, in mehrere Teile schneiden.
Das Olivenöl in einer Kasserolle erhitzen, Zwiebeln und Knoblauchzehe abziehen, fein hacken, dazugeben und mit den Polypenstücken anbraten.
Das Lorbeerblatt und den Rotwein hinzufügen. Bei schwacher Hitze kochen lassen.
Die Tomaten kurz in kochendes Wasser geben (nicht kochen lassen), in kaltem Wasser abschrecken, enthäuten, kleinschneiden.
Zusammen mit dem Tomatenmark in den Fischsud geben und so lange kochen lassen, bis eine dickliche Sauce entstanden ist.

Mit Salz und Pfeffer abschmecken.

Beilage: Reis.

Midja me risi

Muscheleintopf (Foto)

Nach dem Originalrezept werden für den Muscheleintopf frische Miesmuscheln genommen. Da frische Muscheln jedoch nicht überall und zu jeder Zeit erhältlich sind, empfiehlt es sich, Limfjordmuscheln aus Dosen zu verwenden.

Etwa 800 g Limfjordmuscheln (aus der Dose)
50 g Butter
250 g Langkornreis
50 g verlesene Sultaninen
1 abgezogene Zwiebel
500 g enthäutete Tomaten
4 Eßl. Olivenöl
250 ml (1/4 l) trockener Weißwein
Salz
Pfeffer
einige Zweige Kerbel

Die Muscheln abtropfen lassen, die Flüssigkeit auffangen.
Die Butter in einer Kasserolle zerlassen, Reis und Sultaninen hineingeben und unter Rühren so lange erhitzen, bis der Reis hellgelb geröstet ist. Etwa 500 ml (½ l) Wasser hinzugießen, 2 Lagen Haushaltspapier über den Topf legen, den Deckel daraufgeben und den Reis bei schwacher Hitze garen lassen.
Die Zwiebel hacken, Tomaten kleinschneiden. Das Öl erhitzen, die Zwiebel darin anbraten, Tomaten und Wein hinzugeben, die Masse zum Kochen bringen, die Muscheln unterheben, miterhitzen.
Den garen Reis hineinrühren, evtl. etwas Muschelflüssigkeit hinzufügen. Den Muscheleintopf mit Salz und Pfeffer abschmecken, in eine feuerfeste Auflaufform füllen und kurze Zeit im vorgeheizten Backofen bei mittlerer Temperatur erhitzen.
Mit Kerbel garniert servieren.

Midja pilafi

Überbackenes Muschelragout

400 g gekochter Langkornreis
500 g gegartes Muschelfleisch
6 Eßl. Olivenöl
250 ml (1/4 l) Weißwein
250 g pürierte Tomaten
2 Teel. Zitronensaft
4 Eßl. gehackte Petersilie
1 Eßl. Oregano
½ Teel. Zimt
½ Teel. Salz
½ Teel. Pfeffer
1 Prise Zucker

Den Reis mit den Muscheln und allen übrigen Zutaten gut vermischen, in eine gefettete feuerfeste Form füllen und im Backofen ca. 15 Minuten erhitzen.

Barbouni sto charti

Gedünstete Meeräsche

2 – 4 Meeräschen
(1 – 1¼ kg -
ersatzweise Makrelen)
6 Eßl. Olivenöl
Salz
6 Eßl. Zitronensaft
Pfeffer
1 Eßl. gehackter Thymian
4 Eßl. gehackte Petersilie

Die Fische schuppen, ausnehmen, Flossen und Schwänze entfernen, die Fische unter fließendem kalten Wasser abspülen, trockentupfen, innen mit etwas Olivenöl ausstreichen.
Das restliche Öl mit Salz und Zitronensaft gut verrühren, nach Belieben mit frisch gemahlenem Pfeffer würzen.
Alufolie so zurechtschneiden, daß man die Fische einzeln darin einwickeln kann.
Die blanke Seite der Alufolie muß innen sein.
Die Fische auf die Folie legen, die Marinade darüber verteilen, die gehackten Kräuter darüberstreuen.
Die Folienstücke gut verschließen und den Fisch bei mittlerer Hitze im vorgeheizten Backofen etwa 20 Minuten garen.

Beigabe: Tomatensalat.

Garides me feta

Überbackenc Garnelen

100 g Butter
3 Zwiebeln
200 g enthäutete Tomaten
2 Knoblauchzehen
Salz
2 – 3 Eßl. gehackte Petersilie
Pfeffer
20 g Butter
300 g Garnelen
60 g Feta-Käse

Die Butter zerlassen, die abgezogenen, feingewürfelten Zwiebeln darin glasig dünsten lassen. Die Tomaten fein schneiden und zu den Zwiebeln in die Pfanne geben.
Die Knoblauchzehen abziehen, fein würfeln oder durchpressen, mit Salz verreiben und zusammen mit der feingehackten Petersilie in die heiße Sauce einrühren, bis das Ganze eine gleichmäßig breiige Masse ergibt.
Nach Belieben mit Salz und Pfeffer abschmecken.
4 feuerfeste Förmchen leicht mit Butter ausstreichen, die Garnelen gleichmäßig darin verteilen und mit der Sauce übergießen.
Den Käse fein zerbröckeln oder reiben und über die Sauce streuen.

Die Garnelen in den vorgeheizten Backofen schieben und bei mittlerer Hitze goldbraun überbacken lassen.

Midja jemista

Gefüllte Muscheln

2 kg frische Muscheln
100 g Pinienkerne
200 g gekochter Reis
100 g Korinthen
4 Zwiebeln
3 Eßl. gehackte Petersilie
250 g Tomatenpüree
4 cl Weißwein
3 Eßl. Olivenöl
Salz
Pfeffer

Die Muscheln kalt abbürsten und in mehreren Partien nacheinander in kochendem Wasser etwa 3 Minuten garen.
Das Muschelfleisch herausnehmen und die Schalen geöffnet auf ein Backblech verteilen.
Das Muschelfleisch und Pinienkerne grob hacken und mit Reis, Korinthen, den abgezogenen, feingewürfelten Zwiebeln und Petersilie gut vermischen.
In kleinen Portionen in die Muschelschalen füllen und mit einer Sauce aus Tomatenpüree, Weißwein, Olivenöl, Salz und frisch gemahlenem Pfeffer beträufeln.
Etwa 15 Minuten im Backofen erhitzen.

Statt der Muschelschalen lassen sich praktischer Auflaufformen verwenden.

Kalarmarakia krasata

Fritierte Tintenfische

600 g Kalamare oder Sepia
5 Eßl. Olivenöl
1 Knoblauchzehe
½ Tasse Retsina oder anderen trockenen Weißwein
250 g enthäutete Tomaten
2 Eßl. gehackte Petersilie
Salz
Pfeffer
1 Eßl. Zitronensaft

Die sackförmigen Körper der Tintenfische von Kopf und Fangarmen trennen, gut auswaschen, das Kalkblatt entfernen und in Ringe schneiden.
Die Fangarme ebenfalls säubern und zerteilen.
Das Öl in einer Pfanne erhitzen. Die abgezogene, feingehackte oder zerdrückte Knoblauchzehe zugeben und die Tintenfischteile darin anbraten.
Mit Wein ablöschen. Die Tomaten zerschneiden, zufügen und zugedeckt etwa 30 – 40 Minuten bei schwacher Temperatur schmoren.
Zum Schluß die Petersilie überstreuen und mit Salz, Pfeffer und Zitronensaft abschmecken.

Arni

Lamm

Arni à la chasapa

Geschmorte Lammkoteletts

(Foto S. 52/53)

600 g Lammkoteletts
2 Zitronen
6 Eßl. Olivenöl
Salz
Pfeffer
30 g Butter zum Ausfetten
1 kg enthäutete Tomaten
1 Lorbeerblatt
1 Knoblauchzehe

Die Lammkoteletts auf einem flachen Teller verteilen.
Den Saft einer Zitrone mit dem Olivenöl vermischen und übergießen.
Nach 10 Minuten die Koteletts wenden und darauf achten, daß die Marinade das Fleisch gleichmäßig überzogen hat. Salzen und pfeffern.
Die Tomaten in einer gefetteten feuerfesten Form verteilen. Die Fleischscheiben dazwischen placieren.
Die zweite Zitrone schälen, in Scheiben schneiden und zusammen mit dem in Stücke gebrochenen Lorbeerblatt sowie dem abgezogenen, gehackten Knoblauch gleichmäßig zwischen die Fleischscheiben legen.
Im Backofen gar schmoren.

Die geschmorten Lammkoteletts mit Langkornreis oder Salzkartoffeln servieren.

Arni me bamies

Auflauf mit Lammfleisch und Okra

1 Zwiebel
50 g Butter
750 g mageres Lammfleisch
1 Knoblauchzehe
4 enthäutete Tomaten
Salz, Pfeffer
500 g Okra
Saft von 1 Zitrone
250 ml (1/4 l) Fleischbrühe

Zwiebel abziehen, fein hacken. Butter zerlassen, Zwiebelwürfel darin bräunen. Das Lammfleisch waschen, abtrocken, in kleine Würfel schneiden, hinzufügen und unter öfterem Wenden von allen Seiten braun braten lassen. Knoblauchzehe abziehen, fein hacken. Tomaten in Scheiben schneiden. Beide Zutaten zu dem Fleisch geben, mit Salz und Pfeffer würzen und alles in eine feuerfeste Auflaufform füllen.

Die Okra putzen, waschen, mit kochendem Wasser übergießen, abtropfen lassen, über der Fleisch-Tomaten-Masse verteilen, Zitronensaft und Fleischbrühe hinzugießen, die Auflaufform verschließen. Den Auflauf bei mäßiger Hitze im Backofen garen lassen, evtl. etwas Fleischbrühe zugießen.

Beilage: Reis.

Arni me kolokithia

Geschmortes Lammfleisch mit Zucchini

800 g mageres Lammfleisch (aus der Keule)
7 – 8 Eßl. Olivenöl
2 mittelgroße Zwiebeln
4 – 6 enthäutete Tomaten
2 Knoblauchzehen
Salz
Pfeffer
grob gehackte Petersilie
250 ml (1/4 l) Fleischbrühe
4 – 6 Zucchini
evtl. geriebener Käse
Petersilie zum Garnieren

Lammfleisch waschen, abtrocknen, in Würfel schneiden.
Die Hälfte des Olivenöls in einem Schmortopf erhitzen, das Fleisch darin unter mehrfachem Wenden von allen Seiten braun braten.
Die Zwiebeln abziehen, grob hacken, zu dem Fleisch geben und glasig dünsten lassen.
Die Tomaten grob zerteilen, in die Fleisch-Zwiebel-Masse geben. Die Knoblauchzehen abziehen, fein hacken und mit etwa ½ Teel. Salz verreiben.
Mit Pfeffer und Petersilie unterrühren. Die Fleischbrühe hinzugießen, den Topf verschließen und das Gericht bei schwacher Hitze in etwa einer Stunde garen.
Zucchini putzen, waschen, abtrocknen, in Scheiben schneiden.
Das restliche Olivenöl erhitzen, die Zucchinischeiben darin kurz anbraten, mit wenig Salz bestreuen und über dem garen Gericht verteilen.
Nach Belieben im vorgeheizten Backofen mit etwas geriebenem Käse bestreut bei starker Hitze kurze Zeit überbacken lassen. Mit Petersilie garniert servieren.

Arni psito me patates

Gebratene Lammkeule

1,2 kg Lammkeule
Salz
Pfeffer
2 abgezogene Knoblauchzehen
125 g Butter
Saft einer Zitrone
1 kg Kartoffeln
2 Tassen Fleischbrühe

Die Keule mit Salz und Pfeffer einreiben und mit dem in kleine Stifte geschnittenen Knoblauch spicken.
In einen Schmortopf geben. Die Butter schmelzen, mit Zitronensaft verquirlen, über den Braten gießen.
Die geschälten Kartoffeln rundherum anordnen, die Fleischbrühe zugeben und etwa 1 bis 1 ½ Stunde garen. Zwischendurch nach Bedarf etwas Brühe nachfüllen, den Braten wenden.

Mousaka
Fleischauflauf mit Auberginen

1 kg Auberginen
Salz
2 Eßl. Olivenöl
60 g Butter
2 Zwiebeln
750 g gehacktes Rind- oder Lammfleisch
Pfeffer
gemahlener Zimt
4 enthäutete Tomaten
3 Eßl. gehackte Petersilie
1 Teel. gerebelter Oregano
125 ml (1/8 l) Fleischbrühe
etwas Butter oder Margarine zum Ausfetten
6 Eßl. Semmelmehl
6 Eßl. geriebener Kaskaval- oder Parmesan-Käse
3 Eigelbe
etwa 250 ml (1/4 l) heiße Béchamelsauce

Den Stielansatz der Auberginen abschneiden, das Gemüse waschen, abtrocknen, in dicke Scheiben schneiden, mit Salz bestreuen und 15 – 30 Minuten stehenlassen.
Das Salz mit Küchenpapier abtupfen, das Olivenöl erhitzen, die Auberginenscheiben darin von beiden Seiten hellbraun braten, herausnehmen und abtropfen lassen.
Die Zwiebeln abziehen, fein hacken, Butter in einem Schmortopf zerlassen, die Zwiebeln darin kurz andünsten. Hackfleisch hinzufügen, mit Salz, Pfeffer und Zimt bestreuen, alles gut verrühren.
Kleingeschnittene Tomaten, Petersilie und Oregano dazugeben, Brühe hinzugießen, alles verrühren, den Topf verschließen und die Fleischmasse bei geringer Hitze etwa 20 Minuten schmoren lassen.
Eine feuerfeste Auflaufform mit Butter oder Margarine ausfetten, mit etwa 3 Eßl. Semmelmehl ausstreuen. Die Hälfte der Fleischmasse hineingeben, mit der Hälfte der Auberginenscheiben bedecken, mit 2 Eßl. geriebenem Käse bestreuen.
Restliche Fleischmasse und Auberginenscheiben einschichten, mit 2 Eßl. geriebenem Käse bestreuen.
Die Eigelbe mit einigen Eßl. heißer Béchamelsauce verrühren, diese Masse in die übrige Sauce rühren und alles über den Auflauf gießen.
Restliches Semmelmehl und restlichen Käse darüber streuen.
Den Auflauf in den vorgeheizten Backofen stellen und bei etwa 175 Grad 45 Minuten backen.

Beigabe: Joghurt und gemischter Salat.

Pastitsio
Nudelauflauf

250 g Ziti-Nudeln oder Makkaroni
Salz
6 Eßl. Olivenöl
2 große Zwiebeln
500 g gehacktes Lammfleisch
350 g enthäutete Tomaten
6 Eßl. Tomatenmark
2 Knoblauchzehen
2 Eßl. gerebelter Oregano
1 Eßl. gerebeltes Basilikum
1 Messerspitze gemahlener Zimt
Pfeffer
1 Tasse Semmelmehl
4 Eier
3 Eßl. Butter
4 Eßl. Weizenmehl
500 ml (1/2 l) Milch
3 Eßl. Semmelmehl
evtl. geriebener Parmesan-Käse

Nudeln in etwa 2 l kochendes Salzwasser geben, zum Kochen bringen, gar kochen lassen, auf ein Sieb geben, mit kaltem Wasser übergießen, abtropfen lassen.
Die Zwiebeln abziehen, fein hacken. Das Olivenöl erhitzen, Zwiebelwürfel darin glasig dünsten lassen. Das gehackte Lammfleisch hinzugeben, unter ständigem Rühren bräunen lassen.
Die Tomaten in kleine Stücke schneiden, zum Fleisch geben. Tomatenmark mit etwas Wasser anrühren.
Knoblauchzehen abziehen, fein hacken.
Beide Zutaten mit Oregano, Basilikum, Zimt, Salz, Pfeffer und dem Semmelmehl unter die Zwiebel-Hackfleischmasse mengen.
Bei schwacher Hitze dünsten lassen, ab und zu umrühren. Vom Herd nehmen, erkalten lassen und ein Ei unterrühren.
Etwa 2 Eßl. Butter zerlassen, das Weizenmehl unter Rühren darin erhitzen, bis es hellgelb ist.
Etwas Milch und die restlichen drei Eier unterrühren, alles gut verschlagen und unter ständigem Rühren bei mittlerer Hitze die restliche Milch hinzugießen.
Eine Auflaufform mit der restlichen Butter ausfetten, mit Semmelmehl ausstreuen.
Nudeln und Hackfleischmasse abwechselnd einschichten, die letzte Schicht soll aus Nudeln bestehen.
Die Sauce darübergießen und den Auflauf im vorgeheizten Backofen bei etwa 200 Grad backen, bis die obere Nudelschicht knusprigbraun ist.

Nach Belieben den Auflauf nach der Hälfte der Backzeit mit geriebenem Parmesan-Käse bestreuen.

Arni kleftiko

Lamm nach zyprischer Räuberart

Dieses typische Gericht von der Insel Zypern wird auf dem Lande noch immer in Tonschüsseln im Steinofen gebacken.
Im modernen Haushalt wird dieses Lammfleisch in Alufolie oder im Tontopf zubereitet.

Etwa 1 1/4 kg Lammrippen
1 Eßl. gerebelter Oregano
1 Eßl. gerebelter Thymian
Salz
schwarzer Pfeffer
2 Eßl. Zitronensaft
6 Eßl. Olivenöl
2 abgezogene Zwiebeln

Lammrippen in vier oder acht Portionen teilen, waschen, abtrocknen, mit Oregano, Thymian, Salz und Pfeffer einreiben. Olivenöl und Zitronensaft mischen, das Fleisch 4 – 5 Stunden darin einlegen. Zwiebeln grob zerteilen. Das Fleisch auf Alufolie legen, Zwiebelstücke dazugeben, die Marinade darübergießen. Die Folie verschließen und das Fleisch im vorgeheizten Backofen bei mittlerer Hitze etwa 2 Stunden garen.

Tip: Kleine geschälte Kartoffeln zu Fleisch und Zwiebeln geben.

Papoutsakia

Gefüllte Auberginen

2 große oder
4 kleine Auberginen
Saft einer Zitrone
500 g schieres Lamm-Hack
2 Zwiebeln
1 abgezogene,
gewürfelte Knoblauchzehe
2 Eier
3 Eßl. Semmelmehl
2 Eßl. gehackte Petersilie
2 Eßl. Tomatenmark
Salz
Pfeffer
4 Eßl. geriebener griechischer
Hartkäse oder Parmesan
10 Eßl. Olivenöl

Die Auberginen der Länge nach halbieren und das Kerngehäuse auskratzen. Mit Zitronensaft ausstreichen.
Das Fleisch mit gehackten Zwiebeln, Knoblauch, den Eiern, Semmelmehl, Petersilie und Tomatenmark gut vermengen.
Würzen und etwas von dem ausgekratzten Fruchtfleisch zugeben.
In die ausgehöhlten Auberginen füllen, mit Käse überstreuen.
Das Öl in eine Schmorpfanne oder feuerfeste Form gießen.
Die Auberginen hineingeben und im vorgeheizten Backofen etwa 30 bis 40 Minuten backen.

Arni me spanaki avgolemono

Lamm mit Spinat und Zitronensauce (Foto)

800 g mageres Lammfleisch
2 feingehackte Zwiebeln
100 g Butter
Salz, Pfeffer
250 ml (1/4 l) Rindfleischbrühe
750 g vorbereiteter Spinat
3 Eigelbe
Saft von 1 Zitrone

Lammfleisch waschen, abtrocknen, in kleine Würfel schneiden. Die Hälfte der Butter erhitzen, Zwiebeln darin glasig dünsten lassen, Fleischwürfel hinzufügen, mit Salz und Pfeffer bestreuen und unter ständigem Wenden bei starker Hitze in etwa 5 Minuten braun braten. Die Hälfte der Rindfleischbrühe hinzugießen, das Fleisch zugedeckt bei mäßiger Hitze etwa 45 Minuten schmoren lassen.

Den vorbereiteten Spinat waschen, abtropfen lassen. Die restliche Brühe zum Kochen bringen, Spinat hineingeben, in etwa 5 Minuten gar dünsten lassen, abtropfen lassen (Gemüseflüssigkeit auffangen), den Spinat grob hacken und auf dem garen Fleisch verteilen. Die restliche Butter in Flöckchen daraufgeben, alles noch einmal erhitzen. Die Eigelbe schaumig schlagen, Gemüseflüssigkeit erhitzen und vorsichtig unter die Eigelbe rühren. Zitronensaft ebenfalls einrühren, die Sauce mit Salz abschmecken. Über den Spinat gießen. Das Gericht einige Minuten im vorgeheizten Backofen erhitzen.

Melitzanes ragou

Lamm-Gemüse-Ragout

800 g Lammschlegel
8 Eßl. Olivenöl
3 Zwiebeln
250 g Paprikaschoten
3 enthäutete Tomaten
4 Eßl. Tomatenmark
Salz, Pfeffer
500 g Auberginen
1 Eßl. gehackte Petersilie
Saucenbinder

Das Fleisch in kleine Würfel schneiden und im Öl anbraten. Die grobgehackten Zwiebeln zugeben. Sobald sie leicht gebräunt sind, die zerschnittenen Paprikaschoten und Tomaten unterheben. Tomatenmark in etwas Wasser anrühren, zuschütten, würzen und Deckel auflegen. Bei mittlerer Hitze etwa 30 Minuten schmoren. Die Aubergine in Scheiben schneiden, unter das heiße Ragout heben. Noch einige Zeit garen. Die Petersilie einstreuen und mit Saucenbinder so weit als nötig andicken.

Vodsi ke moskhari

Rind und Kalb

Stifatho me feta

Rindergulasch mit Feta-Käse

(Foto S. 62/63)

1 kg mageres Rindfleisch (Kamm)
6 Eßl. Olivenöl
4 Eßl. Tomatenmark
3 Eßl. Weinessig
1/2 Teel. Kreuzkümmel
1 Zimtstange
Salz
Pfeffer
800 g kleine Zwiebeln
125 g Feta-Käse

Rindfleisch waschen, abtrocknen, in Würfel schneiden. Olivenöl erhitzen, die Fleischwürfel darin von allen Seiten braun braten.
Etwa 750 ml (3/4 l) Wasser hinzugießen. Tomatenmark unterrühren, Weinessig, Kreuzkümmel und Zimtstange dazugeben, mit Salz und Pfeffer würzen, Gulasch gut umrühren. Zugedeckt bei geringer Hitze etwa 1 Stunde schmoren lassen.
Die Zwiebeln abziehen, etwa 1 Minute in kochendes Wasser geben, abtropfen lassen und in den Fleischtopf geben.
Evtl. noch etwas Wasser zugießen, Fleisch und Zwiebeln gar schmoren lassen.
Feta-Käse zerkrümeln und unter das gare Gulasch geben, mit Salz und Pfeffer abschmecken.

Vodini kardhja stifatho

Geschmortes Rinder- oder Kalbsherz

800 g Rinder- oder Kalbsherz
125 g Butter
6 Eßl. Olivenöl
1 Eßl. Estragonessig
1 kg enthäutete Tomaten
3 Zwiebeln
2 Knoblauchzehen
1 Teel. Tzatziki
1 Lorbeerblatt
Salz
Pfeffer
3 Gewürznelken
250 ml (1/4 l) Tomatensaft
trockener Weißwein

Das Herz in gulaschgroße Stücke schneiden. In einem Schmortopf mit der Butter kurz anbraten. Das Öl mit dem Essig verquirlen, zugießen und die Tomaten gleichmäßig darin verteilen. Die Zwiebeln in Ringe schneiden und darauf geben. Die Knoblauchzehen abziehen, fein hacken und mit dem Tzatziki zugeben. Das Lorbeerblatt in mehrere Stücke brechen und zwischen die Tomaten stecken. Salzen, pfeffern, die Nelken möglichst weit voneinander entfernt anordnen, den Tomatensaft mit etwa gleicher Menge Wein verrühren und aufgießen. Im geschlossenen Topf auf dem Herd

oder in der feuerfesten Form im Backofen garen. Wein nach Bedarf nachgießen.
Mit Reis, Nudeln oder Kartoffeln servieren.

Sikoti vothinon skharas

Ochsenleber vom Grill

4 Scheiben Ochsenleber
(je etwa 1½ cm dick,
zusammen etwa 600 g)
6 Eßl. Olivenöl
2 Eßl. Zitronensaft
Salz
Pfeffer
Senfpulver

Die Leber waschen, trockentupfen, von der feinen Haut, den Sehnen und Röhren befreien.
Aus Olivenöl, Zitronensaft, Salz, Pfeffer und etwas Senfpulver eine Marinade bereiten. Die Leberscheiben damit beträufeln, übereinanderlegen und etwa 1 Stunde stehenlassen.
Leberscheiben trockentupfen und auf dem Holzkohlengrill unter mehrfachem Wenden grillen, bis die Oberfläche braun ist.
Die Leber kann auch unter dem Elektrogrill zubereitet werden, jedoch fehlt dann der typische Rauchgeschmack.

Vodino psito

Geschmortes Rindfleisch

800 g mageres Rindfleisch
4 Eßl. Olivenöl
2 abgezogene Knoblauchzehen
Salz, Pfeffer
1 Teel. gerebelter Oregano
4 – 6 enthäutete Tomaten
1 Lorbeerblatt
125 ml (⅛ l) Weißwein
125 ml (⅛ l) Rindfleischbrühe
500 g abgezogene Zwiebeln
40 g Butter
3 Eßl. gehackte Petersilie

Das Rindfleisch waschen, abtrocknen, in Würfel schneiden. Olivenöl in einem Schmortopf erhitzen, die Fleischwürfel von allen Seiten darin anbraten. Die Knoblauchzehen fein hacken, mit Salz verreiben, mit Pfeffer und Oregano unter das Fleisch rühren, noch etwa 2 Minuten braten lassen. Tomaten grob zerschneiden und mit dem Lorbeerblatt zu dem Fleisch geben, Wein und Brühe hinzugießen. Den Schmortopf zugedeckt in den vorgeheizten Backofen stellen. Das Rindfleisch in etwa 1 Stunde bei schwacher Hitze gar schmoren lassen. Die Zwiebeln in Scheiben schneiden. Die Butter zerlassen, die Zwiebeln darin goldgelb dünsten lassen und über dem garen Fleisch verteilen, gehackte Petersilie darüber streuen.

Brisoles moskharju

Kalbskoteletts mit Oregano (Foto)

4 Kalbskoteletts
(je etwa 200 g)
Oregano
Salz
Pfeffer
1 Eßl. Zitronensaft
6 Eßl. Öl
2 Eßl. gehackte Petersilie
Senf

Die Kalbskoteletts mit dem feingehackten Oregano kräftig einreiben, salzen, pfeffern und auf dem gefetteten Grill garen. Dazu eine Sauce aus dem mit Zitronensaft geschlagenen Olivenöl reichen, die mit Petersilie, Senf, Salz und Pfeffer abgeschmeckt wird.

Kima kebab

Hackfleischsteaks

1 große Zwiebel
750 g Rinderhack
1 Eßl. zerlassene Butter
Salz
Rosenpaprika
Pfeffer

Zwiebel abziehen, fein hacken, mit dem Hackfleisch, der zerlassenen Butter, Salz, Rosenpaprika, Pfeffer und etwas Wasser zu einer geschmeidigen Masse verkneten. Mit nassen Händen kleine Rollen daraus formen, leicht flachdrücken und auf dem Holzkohlengrill oder unter dem Elektrogrill von allen Seiten knusprig braun werden lassen.

Moskhari stifatho

Kalbsragout

3 Eßl. Olivenöl
4 Zwiebeln
2 Knoblauchzehen
800 g Kalbfleisch
4 enthäutete Tomaten
125 ml (1/8 l) Weißwein
375 – 500 ml (3/8-1/2 l) Hühnerbrühe
Salz
Pfeffer

Das Olivenöl erhitzen. Zwiebeln und Knoblauchzehen abziehen, fein würfeln, in dem Öl anbraten. Das Kalbfleisch waschen, abtrocknen, in Würfel schneiden, hinzufügen und unter öfterem Wenden von allen Seiten braun braten lassen. Die Tomaten kleinschneiden, zu dem Fleisch geben. Weißwein und einen Teil der Brühe dazugießen. Das Ragout mit Salz und Pfeffer würzen, bei schwacher Hitze in 2 – 2½ Stunden garen lassen, dabei nach und nach die restliche Brühe hinzugießen.

Vodino stifatho

Rindergulasch nach griechischer Art

1 kg Rindfleisch
10 Eßl. Olivenöl
4 große enthäutete Tomaten
750 g kleine Zwiebeln
1 – 2 Knoblauchzehen
4 Eßl. Weinessig
4 Gewürznelken
etwa ½ Zimtstange
Salz
schwarzer Pfeffer

Rindfleisch waschen, abtrocknen, in Würfel schneiden.
Etwa ⅔ des Olivenöls erhitzen, die Fleischwürfel von allen Seiten darin anbraten.
Die Tomaten kleinschneiden, hinzufügen, alles zugedeckt etwa eine Stunde schmoren lassen.
Ab und zu umrühren und evtl. etwas Wasser hinzugießen.
Die Zwiebeln abziehen. Das restliche Olivenöl erhitzen, die Zwiebeln darin von allen Seiten gleichmäßig braun braten, in den Fleischtopf geben.
Knoblauchzehen abziehen, fein hacken. Mit dem Weinessig, den Gewürznelken und der Zimtstange unter das Fleisch rühren, mit Salz und Pfeffer würzen und alles bei schwacher Hitze noch etwa 45 Minuten garen lassen.

Kokinisti Vodini Ghlossa

Gekochte Rinderzunge in Weinsauce

1 Rinder- oder Kalbszunge
reichlich Suppengrün
Salz
500 ml (½ l) Weißwein
250 ml (¼ l) Tomatensaft
(am besten von Tomaten
aus der Dose)
250 g Möhrenscheiben
250 g feingeschnittenen
Staudensellerie
gekörnte Brühe
Salz
Pfeffer
1 Gewürznelke
1 Prise Zimt

Die Rinderzunge in reichlich Wasser ¼ Stunde vorkochen. Das Wasser wechseln.
Suppengrün und Salz zugeben und die Zunge in leicht sprudelndem Wasser 2 – 3 Stunden garen.
Anschließend die noch heiße Zunge häuten und die Knorpelstücke an der Zungenwurzel abschneiden.
Das Fleisch in portionsgroße Scheiben teilen.
Während die Zunge kocht, den Wein mit Tomatensaft, den Möhren und Selleriestücken aufsetzen und garen. Mit gekörnter Brühe und den Gewürzen abschmecken.

Die Zungenstücke in diese Sauce legen, kurz durchhitzen und mit Kartoffeln oder Reis servieren.

Moskhari bouti
Kalbsschnitzel

4 Scheiben Kalbfleisch
(aus der Keule, etwa 600 g)
1 abgezogene Knoblauchzehe
8 Eßl. Olivenöl
Pfeffer
1 Eßl. gerebelter Rosmarin
1 Eßl. gerebeltes Basilikum
Saft von 3 Zitronen

Die Fleischscheiben waschen, abtrocknen, mit der aufgeschnittenen Knoblauchzehe von beiden Seiten kräftig einreiben.
Mit etwas Olivenöl bestreichen, mit frisch gemahlenem Pfeffer, gerebeltem Rosmarin und gerebeltem Basilikum bestreuen.
Die Fleischscheiben übereinanderlegen, mit Zitronensaft begießen und etwa 2 Stunden im Kühlschrank stehenlassen.
Das restliche Olivenöl in einer Pfanne erhitzen, das Fleisch von beiden Seiten darin hellbraun braten, herausnehmen und warm stellen.
Den zurückgebliebenen Zitronensaft mit dem Bratenfett verrühren, über die Fleischscheiben gießen.

Moskhari tas-kebab
Kalbsgulasch
in Retsina-Sauce

800 g schieres Kalbfleisch
2 Knoblauchzehen
Salz
Pfeffer
125 g Butter
2 Zwiebeln
250 ml (1/4 l) Tomatensaft
250 ml (1/4 l) Retsina-Wein
Fleischbrühe
Mehl zum Andicken

Das Fleisch in gulaschgroße Stücke schneiden und mit abgezogenen, gestiftelten Knoblauchstücken spicken.
Salzen, pfeffern und in einem Schmortopf in der Butter anbraten.
Die abgezogenen, grob gewürfelten Zwiebeln, Tomatensaft, Retsinawein und Fleischbrühe zugeben. Bei mittlerer Temperatur zugedeckt schmoren. Nach Bedarf noch etwas Wein und Fleischbrühe zugeben.
Mit angerührtem Mehl andicken und mit Salz und Pfeffer abschmecken.

Zu Nudeln servieren.

Chirino

Schwein

Soulva chirini

Schweinefilet auf zyprische Art (Foto S. 70/71)

Etwa 800 g Schweinefilet
5 Eßl. Olivenöl
5 Eßl. Zitronensaft
1 Eßl. zerdrückte Wacholderbeeren
1 Eßl. gerebelter Oregano
Salz
frisch gemahlener Pfeffer

Schweinefilet waschen, abtrocknen, in etwa 2 cm dicke Scheiben schneiden. Aus Olivenöl, Zitronensaft, Wacholderbeeren, Oregano, Salz und Pfeffer eine Marinade bereiten, das Fleisch darin etwa 3 Stunden ziehen lassen.
Das Fleisch abtropfen lassen und auf Spieße stecken. Über dem Holzkohlengrill garen, bis das Fleisch knusprig braun gebraten ist.
Beigabe: Rote, in Ringe geschnittene Zwiebeln, grüne Oliven, Griechische Nudeln.

Stifatho

Gebackenes Schweinegulasch

Etwa 800 g Schweinefleisch
(aus der Keule, ohne Knochen)
2 Möhren
½ Sellerieknolle
8 Eßl. Sonnenblumenöl
2 Eßl. Tomatenmark
16 mittelgroße Zwiebeln
etwa 500 ml (½ l) Fleischbrühe
2 Lorbeerblätter
2 Eßl. gehackter Oregano
oder 1 Teel. gerebelter Oregano
Salz
Pfeffer

Das Schweinefleisch waschen, abtrocknen, in Würfel schneiden. Möhren putzen, schrappen, Sellerieknolle putzen, schälen, beide Zutaten waschen, in feine Würfel schneiden.
Olivenöl in einem Schmortopf erhitzen, das Gemüse darin etwa 1 Minute andünsten. Die Fleischwürfel hinzufügen und unter Wenden von allen Seiten leicht anbraten. Tomatenmark unter Fleisch und Gemüse rühren. Die Zwiebeln abziehen, mit den Lorbeerblättern und dem Oregano dazugeben, einen Teil der Fleischbrühe hinzugießen, alles mit Salz und Pfeffer würzen. Den Schmortopf verschließen und in den vorgeheizten Backofen stellen. Das Gulasch etwa 15 Minuten bei 225 Grad schmoren lassen, dann die Temperatur auf 125 Grad zurückschalten. Nach und nach die restliche Brühe hinzugießen, das Fleisch in etwa 2 Stunden garen lassen, mit Salz und Pfeffer abschmecken.

Beigabe: Bauernbrot oder Weißbrot.

Gourounopulo psito me patates

Schmortopf mit Bratenresten

Dieses Gericht ist besonders geeignet, wenn nach einer Grillparty mit Spanferkel gegartes Fleisch übriggeblieben ist.
In manchen Schlachtereien kann man aber auch schon gegartes Spanferkelfleisch in Scheiben erhalten.

800 g gegartes Spanferkelfleisch
125 g Butter
2 Eßl. Zitronensaft
800 g kleine oder in entsprechende Stücke geschnittene Kartoffeln
1 gehackte Knoblauchzehe
1 Eßl. Oregano
1 Lorbeerblatt
Fleischbrühe
Salz
Pfeffer

Das Spanferkelfleisch in eine feuerfeste Form legen.
Die Butter zerlassen, mit dem Zitronensaft verrühren und übergießen.
Dazwischen die Kartoffeln verteilen.
Das ganze mit dem gehackten Knoblauch und Oregano überstreuen, das Lorbeerblatt - in mehrere Stücke geteilt - zugeben.
Etwa 1/4 l Fleischbrühe aufgießen.
Salzen und pfeffern und bei mittlerer Hitze im Backofen garen, bis die Kartoffeln gebräunt und weich sind.
Nach Bedarf Fleischbrühe nachgießen.

Gourounopulo psito

Gebackenes Spanferkel

(8 – 10 Portionen)

1 mittelgroßes küchenfertiges Spanferkel
Saft von 4 Zitronen
Salz
Pfeffer
etwa 5 Knoblauchzehen
Kartoffeln nach Belieben

Das küchenfertige Spanferkel waschen, abtrocknen, von allen Seiten mit Zitronensaft einreiben, Salz und Pfeffer über das Fleisch streuen und festdrücken.
Knoblauchzehen abziehen, längs halbieren und das Fleisch damit spicken. Das Ferkel in eine große Schmorschüssel legen und im vorgeheizten Backofen
bei mittlerer Hitze in 2 – 3 Stunden gar braten lassen. Von Zeit zu Zeit mit heißem Wasser begießen.
Kartoffeln schälen, waschen, halbieren und etwa 40 Minuten vor Beendigung der Garzeit um das Ferkel legen.

Bifteki

Gefüllte Fleischbällchen

(Foto)

2 Brötchen
2 Zwiebeln
800 g Hackfleisch
(halb Rind-, halb Schweinefleisch)
1 Eßl. Zitronensaft
2 Eier
2 Eßl. gehackte Petersilie
1 Eßl. gehackte Minze
Salz
Pfeffer
250 g Feta-Käse
4 Eßl. Weizenmehl
Ausbackfett oder Butterschmalz

Die Brötchen in kaltem Wasser einweichen, die Zwiebeln abziehen, fein hacken.
Die gut ausgedrückten Brötchen und die Zwiebelwürfel mit dem Hackfleisch, dem Zitronensaft und den Eiern zu einer geschmeidigen Masse verkneten.
Petersilie und Minze hinzufügen, den Fleischteig mit Salz und Pfeffer würzen.
Mit einem Eßlöffel kleine Portionen von der Fleischmasse abteilen, mit bemehlten Händen flachdrücken, ein Stück Feta-Käse daraufgeben und mit dem Fleischteig umhüllen.
Die Fleischbällchen leicht in Weizenmehl wenden.
Das Ausbackfett bis zum Siedepunkt erhitzen, die Fleischbällchen portionsweise darin fritieren, auf Haushaltspapier abtropfen lassen.
Oder das Butterschmalz in einer Pfanne erhitzen, die Fleischbällchen von allen Seiten darin braun braten lassen.

Beigabe: Brot oder Reis.

Chirino juwetsi

Schweinenacken in Retsinawein

800 g Schweinenacken
60 g Butter
3 Zwiebeln
125 ml (1/8 l) Tomatensaft
125 ml (1/8 l) Retsinawein
750 g Kartoffeln

Den Schweinenacken in gulaschgroße Würfel schneiden und im Schmortopf mit Butter anbraten.
Die abgezogenen, feingewürfelten Zwiebeln dazugeben. Tomatensaft und Wein verrühren und damit ablöschen. Die geschälten Kartoffeln gleichmäßig zwischen den Fleischstücken verteilen und zugedeckt im Schmortopf auf dem Herd oder im Backofen garen. Nach Bedarf etwas Wein zugießen.
Zu trockenem Langkornreis oder Nudeln servieren.

Chirino me selino

Schweinefleisch mit Sellerie

1 kg Schweinefleisch
(aus der Keule, ohne Knochen)
8 Zwiebeln
1 kg Sellerie
8 Eßl. Sonnenblumen- oder Maisöl
Salz
Pfeffer
500 ml (1/2 l) Fleischbrühe
3 Eigelbe
Saft von 2 Zitronen

Das Fleisch waschen, abtrocknen, in einige Stücke schneiden. Die Zwiebeln abziehen, die Sellerieknollen putzen, schälen, waschen, in Stücke schneiden.
Das Öl in einem großen Schmortopf erhitzen, das Fleisch mit den Zwiebeln und den Selleriestücken hineingeben, im vorgeheizten Backofen bei starker Hitze 15 – 20 Minuten braten lassen, mit Salz und Pfeffer bestreuen.
Etwa 250 ml (1/4 l) Fleischbrühe hinzugießen, Fleisch und Gemüse schmoren lassen und in einer vorgewärmten Schüssel anrichten.

Die Eigelbe in einen kleinen Kochtopf geben, mit etwas Bratenflüssigkeit verrühren, bei schwacher Hitze im Wasserbad so lange durchschlagen, bis die Flüssigkeit dicklich wird. Den Zitronensaft vorsichtig unterrühren.
Die Sauce sofort über Fleisch und Gemüse geben, alles gut vermengen.

Beigabe: Weißbrot.

Sikoti krassato

Leber in Weinsauce

500 g Schweineleber
375 ml (3/8 l) Rotwein
2 Zwiebeln
6 Eßl. Olivenöl
Weizenmehl
1 Eßl. gerebelter Majoran
1/2 Teel. gemahlener Rosmarin

Die Leberscheiben waschen, trockentupfen, in mehrere Stücke teilen und etwa eine Stunde in den Rotwein legen, ab und zu wenden.
Die Zwiebeln abziehen, in Scheiben schneiden. Das Olivenöl erhitzen, die Zwiebelscheiben darin glasig dünsten lassen.

Leberstücke aus dem Rotwein nehmen, trockentupfen und in Weizenmehl wenden. Zu den Zwiebeln geben und von allen Seiten braun braten lassen. Majoran und Rosmarin darüber streuen, die Marinade zugießen und alles bei schwacher Hitze schmoren lassen, bis die Flüssigkeit dicklich eingekocht ist.

Zalatina
Schweinesülze

2 kg unteres Eisbein
1 kg Gelenkknochen
Salz
Saft von 2 Zitronen
Saft von 6 Orangen
3 Eßl. Weinessig
2 Zweige Rosmarin
1 Teel. Rosenpaprika

Eisbein und Knochen vom Fleischer in kleine Stücke teilen lassen, waschen und in so viel kaltem Salzwasser aufsetzen, daß alles gut bedeckt ist.
Zum Kochen bringen und bei schwacher Hitze in etwa 3 Stunden gar kochen lassen, verdampfte Flüssigkeit ersetzen.
Das Fleisch aus der Brühe nehmen, die Brühe durch ein Sieb gießen, mit Zitronensaft, Orangensaft und Essig auffüllen, die Rosmarinzweige hinzufügen und alles zum Kochen bringen, etwas einkochen lassen.
Das Fleisch von den Knochen lösen, in eine mit kaltem Wasser ausgespülte Form geben.
Die eingekochte Brühe mit Rosenpaprika und Salz abschmecken, über das Fleisch gießen.
Die Sülze im Kühlschrank erstarren lassen, nach Belieben stürzen.

Beigabe: Gemischter Salat.

Gloses chirines vrastes
Gekochte Schweinezunge

2 mittelgroße Zwiebeln
3 Sellerieblätter
etwa 800 g küchenfertige Schweinezunge
Salz
etwas Weinessig
125 ml (1/8 l) Zitronensaft
125 ml (1/8 l) Olivenöl
3 Eßl. Weinessig
1 Teel. Senfpulver
2 Eßl. gehackte glatte Petersilie

Schweinezunge waschen, in 1 ½-2 l kochendes Salzwasser geben, zum Kochen bringen.
Die Zwiebeln abziehen, grob zerschneiden, die Sellerieblätter waschen, zerteilen, beide Zutaten zu dem Fleisch geben, Salz und Essig hinzufügen, die Zunge gar kochen lassen (die Zunge ist gar, wenn sich die Spitze weich ansticht).
Die Zunge mit kaltem Wasser abspülen, die Haut abziehen, das obere knorpelige Ende ablösen, das Fleisch in Scheiben schneiden.
Zitronensaft, Olivenöl und Essig gut miteinander verrühren, Senfpulver und Petersilie dazugeben. Die Zungenscheiben in die Marinade geben und einige Stunden kaltstellen.

Pulerika ke kjiniji

Geflügel und Wild

Kota methismeni

Hähnchenbrust in Weinbrandsauce

(Foto S. 78/79)

800 g enthäutete Hähnchenbrüste
2 Eßl. Zitronensaft
Salz
Pfeffer
100 g Butter
gehackte Thymianblätter
125 ml (1/8 l) trockener Weißwein
100 g Rosinen
6 cl griechischer Weinbrand
1 1/2 Becher (225 g) Crème fraîche

Die Hähnchenbrüste mit einer Mischung aus Zitronensaft, Salz und Pfeffer in einer Schüssel eine Stunde marinieren.
Die Butter in einer Kasserolle zerlassen und das Hähnchenfleisch mit der Marinade zugeben.
Etwas Thymian darüber streuen.
Das Fleisch von beiden Seiten anbraten.
Mit dem Wein ablöschen.
Rosinen zugeben und zugedeckt auf kleiner Temperatur garen. Notfalls etwas Wein nachfüllen.

Weinbrand mit Crème fraîche verrühren und unter die gegarten Hähnchenbrüste heben.
Mit Salz und Pfeffer abschmecken und zu Reis servieren.

Kota kapama

Hähnchen in Tomatensauce

1 große Poularde
1 Bund Suppengrün
Salz
3 große Zwiebeln
1 Knoblauchzehe
50 g Butter
1 Dose Tomaten
1/2 Teel. gemahlener Zimt
Pfeffer

Die Poularde mit dem zerschnittenen Suppengrün in einem großen Topf mit gesalzenem Wasser aufsetzen und gar kochen. In der Zwischenzeit Zwiebeln und Knoblauch abziehen und fein würfeln. Die Butter in einer Kasserolle schmelzen, die Zwiebel-Knoblauch-Mischung zugeben und leicht anbraten.
Den gesamten Inhalt der Tomatendose zugeben und mit einem Schneebesen oder Handrührgerät die Tomaten dabei pürieren. Den Zimt untermischen und mit Salz und Pfeffer würzen.
Die gegarte Poularde enthäuten und tranchieren. Sämtliche Fleischstücke in die heiße Sauce geben und fünf Minuten bei schwacher Temperatur durchziehen lassen.
Zu Nudeln servieren und nach Belieben mit geriebenem Käse überstreuen.

China jemisti

Gefüllte Gans

1 küchenfertige Gans
(etwa 3 kg)
Salz
Pfeffer
1 Eßl. gerebelter Majoran
1 Eßl. feingehackte Salbeiblätter
4 Äpfel
750 g gekochte Maronen
(Eßkastanien)
Saft von 1/2 Zitrone
Zucker
2 Orangen

Die Gans waschen, abtrocknen, innen mit Salz, Pfeffer, Majoran und Salbei einreiben.
Die Äpfel vom Kerngehäuse befreien und noch etwas aushöhlen.
Die Hälfte der Maronen pürieren, mit Zitronensaft und Zucker abschmecken, in die Äpfel füllen.
Orangen schälen, in Spalten teilen, die Haut abziehen.
Gefüllte Äpfel, die restlichen Maronen und Orangenspalten in die Gans geben.
Die Öffnung mit Küchengarn zunähen.
Die Gans auf dem Rost einer Rostbratpfanne in den vorgeheizten Backofen schieben, bei starker Hitze braten lassen.
Das ausgebratene Fett etwas abschöpfen.
Sobald der Bratensatz bräunt, nach und nach etwas heißes Wasser hinzugießen.
Die Gans während des Bratens ab und zu mit dem Bratensatz begießen und die verdampfte Flüssigkeit ersetzen.
Kurz vor Beendigung der Bratzeit die Gans mit kaltem Salzwasser bestreichen, damit die Haut kroß wird.

Kotopoulo pane

Paniertes Huhn

1 küchenfertige Poularde
500 ml (1/2 l) Weißwein
250 ml (1/4 l) Olivenöl
Salz
Pfeffer
2 – 3 Zweige Thymian
2 – 3 Zweige Basilikum
Semmelmehl

Die Poularde in vier Portionen teilen, das Fleisch waschen. Wein, Olivenöl, Salz, Pfeffer und die gehackten Kräuter zu einer Marinade verrühren und das Geflügelfleisch mehrere Stunden darin ziehen lassen.
Das Fleisch abtrocknen, in Semmelmehl wenden und auf dem Rost im vorgeheizten Backofen bei mittlerer Hitze garen lassen.

Beigabe: Grüner Salat.

Kotopoulo kanela

Huhn mit Zimt

(Foto)

1 küchenfertige Poularde
Salz
Pfeffer
100 g Butter
2 violette Zwiebeln
125 ml (1/8 l) Rindfleisch- oder Hühnerbrühe
2 Knoblauchzehen
8 Tomaten
250 ml (1/4 l) Weißwein
1 Eßl. Tomatenmark
250 g Staudensellerie
2 Eßl. gehackte Petersilie
500 g Nudeln
2 Eßl. geriebener Käse
1/2 Teel. gemahlener Zimt

Die Poularde waschen, abtrocknen, in portionsgroße Stücke teilen, mit Salz und Pfeffer einreiben.
Butter in einer Kasserolle erhitzen, das Hühnerfleisch von allen Seiten darin braun braten.
Die Zwiebeln abziehen, in Scheiben schneiden, zu dem Fleisch geben.
Die Brühe hinzugießen, die Kasserolle verschließen und das Fleisch bei kleiner Hitze im vorgeheizten Backofen schmoren lassen.

Für die Sauce:
Die Knoblauchzehen abziehen, fein hacken, mit Salz verreiben.
Tomaten kurze Zeit in kochendes Wasser legen, in kaltem Wasser abschrecken, in Scheiben schneiden.
Wein mit Tomaten und Knoblauch zum Kochen bringen, das Tomatenmark einrühren.
Staudensellerie putzen, waschen, in feine Streifen schneiden, hinzufügen, mit Salz und Pfeffer würzen und bei kleiner Hitze etwa 15 Minuten kochen lassen.
Die gehackte Petersilie in die Sauce geben.
Die Nudeln in kochendes Salzwasser geben, zum Kochen bringen, gar kochen lassen.
Auf ein Sieb geben, mit kaltem Wasser übergießen und abtropfen lassen.
In eine vorgewärmte Schüssel füllen, mit der Hälfte des geriebenen Käses vermengen.
Die garen Poulardenstücke mit dem Zimt bestreuen, auf den Nudeln anrichten, die Tomatensauce darüber gießen, darauf den restlichen Käse verteilen.

Kota pilaffi

Geflügel-Pilaf

2 Möhren
2 Petersilienwurzeln
1 Stange Staudensellerie
1 Knoblauchzehe
Salz
1 küchenfertige Poularde
125 g Butter
500 g Langkornreis
1 Eßl. gerebeltes Basilikum
Pfeffer

Möhren und Petersilienwurzeln putzen, schrappen, waschen, Staudensellerie putzen, waschen. Die drei Zutaten in kleine Stücke schneiden. Knoblauchzehe abziehen, halbieren. Die Poulade waschen, in Stücke geteilt oder im ganzen mit dem vorbereiteten Gemüse in etwa 1 l Salzwasser knapp gar kochen lassen.

Das Hühnerfleisch von den Knochen lösen und in kleine Stücke schneiden. Die Brühe durch ein Sieb gießen, 750 ml (¾ l) davon abmessen.

Butter in einer Kasserolle zerlassen, den Reis hineingeben und unter ständigem Rühren hellgelb rösten. Das Geflügelfleisch mit dem Basilikum hinzufügen, mit Salz und Pfeffer würzen, die abgemessene Brühe dazugießen.

Alles zum Kochen bringen, die Hitze auf klein stellen. Einige Lagen Küchenpapier über die Kasserolle legen, den Deckel darauf geben. Das Gericht bei schwacher Hitze garen lassen, bis der Reis die gesamte Flüssigkeit aufgenommen hat.

Tip: Geflügelpilaf kann in der Fettpfanne des Backofens bei etwa 80 Grad gut einige Zeit warmgehalten werden.

Stomahia poullion salata

Salat aus Geflügelmägen

600 g Geflügelmägen
125 ml (1/8 l) Zitronensaft
125 ml (1/8 l) Olivenöl
1 Teel. Senfpulver
Salz
schwarzer Pfeffer
gehackte glatte Petersilie

Die Mägen gut säubern und waschen. In Salzwasser mit 3 Eßl. Zitronensaft gar kochen, abtropfen und erkalten lassen. In kleine Stücke schneiden.
Aus dem Olivenöl, dem restlichen Zitronensaft und den Gewürzen eine Marinade bereiten, über die Geflügelmägen geben.
Den Salat etwa 1 Stunde im Kühlschrank durchziehen lassen.

Galos parajemistos me kastana

Gefüllter Puter

1 kg Maronen (Eßkastanien)
125 g Butter
2 große Zwiebeln
etwa 1 kg Staudensellerie
500 g gehacktes Lammfleisch
500 g Rinderhack
125 g Rosinen
125 g Pinienkerne
500 g Kartoffelpüree oder
die entsprechende Menge
gekochter Reis
Salz
Pfeffer
geriebene Muskatnuß
4 Eßl. gehackte Petersilie
250 ml (1/4 l) Rot- oder Weißwein
1 – 2 Eier
Saft von 2 Zitronen
1 Puter

Für die Füllung:
Die Maronen mit einem scharfen Messer kreuzweise einschneiden, in kochendes Salzwasser geben, zum Kochen bringen, gar kochen lassen, schälen und grob zerkleinern. (Noch herzhafter schmecken Maronen, die über dem Holzkohlengrill gegart wurden.)
Zwiebeln abziehen, grob hacken.
Staudensellerie putzen, waschen, in kleine Stücke schneiden.
Butter in einer Kasserolle zerlassen, Zwiebel- und Selleriestücke darin dünsten lassen, bis die Zwiebeln glasig sind.
Das Hackfleisch nach und nach dazugeben, unter das Gemüse rühren und leicht anbraten.
In eine Schüssel geben und mit dem Kartoffelpüree oder dem Reis vermengen.
Mit Salz, Pfeffer und geriebener Muskatnuß würzen.
Gehackte Petersilie, Wein und Eier dazugeben und alles zu einer geschmeidigen Masse verarbeiten.
Dann die zerkleinerten Maronen unterheben.
Den Puter waschen, abtrocknen, innen mit Zitronensaft und Salz einreiben.
Die Füllung in den Puter geben, die Öffnung mit Küchengarn zunähen.
Den Puter auf dem Rost der Rostbratpfanne in den vorgeheizten Backofen schieben, bei mittlerer Hitze etwa 3 Stunden braten lassen.
Sobald der Bratensatz bräunt, etwas heißes Wasser hinzugießen und den Puter ab und zu mit dem Bratensatz begießen.
Nach und nach verdampfte Flüssigkeit ersetzen.

Lagos me saltsa

Hase in Tomatensauce

1 küchenfertiger Hase
(etwa 2 kg, Rücken,
Keulen, Läufe)
250 ml (1/4 l) Rotweinessig
1 Knoblauchzehe
1 Stück Sellerie
1 Eßl. gerebelter Thymian
Salz
Pfeffer
Weizenmehl
100 g Butterschmalz
500 ml (1/2 l) Weißwein
6 Eßl. Tomatenmark
5 Eßl. Olivenöl
100 g durchwachsener Speck
1/4 Teel. zerriebener Lorbeer
1 Knoblauchzehe
4 Eßl. griechischer Weinbrand

Den Hasen waschen, abtrocknen, enthäuten, von allem Fett befreien, in portionsgroße Stücke teilen.

Für die Marinade:
Rotweinessig mit der gleichen Menge Wasser mischen.
Knoblauchzehe abziehen, grob hacken. Sellerie schälen, waschen, raspeln.
Beide Zutaten mit dem Thymian, Salz und Pfeffer in die Essigmischung geben, gut verrühren.
Die Fleischstücke hineingeben und 24 Stunden an einem kühlen Ort stehenlassen, ab und zu wenden.
Das Hasenfleisch abtrocknen, in Weizenmehl wenden.
Das Butterschmalz in einer Kasserolle erhitzen, die Fleischstücke von allen Seiten gut darin anbraten.
Etwas Wein hinzugießen, das Fleisch in der geschlossenen Kasserolle schmoren lassen.
Verdampfte Flüssigkeit nach und nach durch Wein ersetzen. Das gare Fleisch herausnehmen, warm stellen.
Den Bratensatz mit dem restlichen Wein auffüllen, das Tomatenmark unterrühren, etwas einkochen lassen.
Das Olivenöl erhitzen, den Speck in Würfel schneiden, in dem Öl braun braten, in die Sauce rühren.
Knoblauchzehe abziehen, fein hacken, mit dem zerriebenen Lorbeer in die Sauce geben.
Die Sauce mit Salz, Pfeffer und dem Weinbrand abschmecken und über das Hasenfleisch geben.

Beilage: Kartoffeln oder Reis.

Lagos stifatho
Hasenragout

- Rücken und Schlegel von einem ganzen Hasen
- Salz
- Pfeffer
- 125 g Butter
- 250 ml (1/4 l) Rotwein
- 1 kg Tomaten
- 4 Eßl. Kräuteressig
- 2 Lorbeerblätter
- 2 Knoblauchzehen
- 2 – 3 Nelken
- 800 g kleine Zwiebeln

Den Hasen tranchieren, in kleine Stücke schneiden, salzen, pfeffern und in der Butter anbraten.
Mit Wein ablöschen.
Tomaten kurze Zeit in kochendes Wasser legen (nicht kochen lassen), in kaltem Wasser abschrecken, kleinschneiden, mit Essig und Lorbeerblättern zu dem Fleisch geben.
Den Knoblauch abziehen, fein hacken und darüberstreuen.
Die Nelken unterrühren.
Zugedeckt im Schmortopf etwa 30 Minuten köcheln.
Die abgezogenen Zwiebeln unzerkleinert unterrühren und noch etwa 15 Minuten kochen.
Mit Salz und Pfeffer abschmecken.

Beigabe: Kartoffeln, Nudeln oder Burghul.

Lagos me saltsa karithia
Hasenbraten mit Walnußsauce

- 1 küchenfertiger Hase
- 250 ml (1/4 l) Rotweinessig
- Saft von 2 Zitronen
- 1 Stück Sellerieknolle
- 2 Eßl. gerebelter Majoran
- 100 g Butterschmalz
- 5 Eßl. Olivenöl
- 500 ml (1/2 l) Fleischbrühe
- 1 Knoblauchzehe
- 1 Lorbeerblatt
- Salz
- Pfeffer
- Cayennepfeffer
- gemahlener Zimt
- 125 g Walnußkerne
- 3 Scheiben Toastbrot ohne Rinde

Den Hasen waschen, abtrocknen, enthäuten, von allem Fett befreien, in portionsgroße Stücke teilen.
Für die Marinade 250 ml (1/4 l) Rotweinessig mit der gleichen Menge Wasser, dem Saft einer halben Zitrone und dem gerebelten Majoran verrühren.
Sellerie schälen, waschen, raspeln, mit dem Hasenfleisch in die Marinade geben, an einem kühlen Ort etwa 24 Stunden stehenlassen.
Das Hasenfleisch abtrocknen.
Butterschmalz und Olivenöl in einer Schmorpfanne erhitzen, das Fleisch

darin von allen Seiten braun braten.
Die Brühe und den restlichen Zitronensaft hinzugießen.
Die Knoblauchzehe abziehen, halbieren, mit dem Lorbeerblatt, Salz, Pfeffer und Zimt dazugeben.
Einen Deckel auf den Schmortopf geben und auf dem Herd oder im vorgeheizten Backofen garen lassen.
Das Fleisch in einer vorgewärmten Schüssel anrichten, warm stellen.
Lorbeerblatt und Knoblauchstücke aus dem Bratensatz entfernen.
Walnußkerne fein mahlen und die Weißbrotscheiben in kleine Stücke schneiden.
Beide Zutaten in den Bratensatz rühren, aufkochen lassen, evtl. noch etwas Fleischbrühe hinzugießen und die Sauce mit den Gewürzen abschmecken.

Kouneli tighanito

Kaninchen in Majoransauce

1 küchenfertiges Kaninchen
50 g Butter
6 Eßl. Olivenöl
6 Eßl. Zitronensaft
2 Eßl. gehackter Majoran
1 Eßl. gehackte Petersilie
2 Knoblauchzehen
Salz
Pfeffer
125 ml (1/8 l) heiße Fleischbrühe
4 Eßl. Kajmak, saure Sahne oder Joghurt

Das Kaninchen waschen, abtrocknen, enthäuten, von allem Fett befreien, in portionsgroße Stücke teilen.
Butter in einer Pfanne erhitzen, das Fleisch darin von allen Seiten braun braten.
Olivenöl, Zitronensaft, Majoran und Petersilie verrühren.
Die Knoblauchzehen abziehen, fein hacken, mit Salz verreiben und hinzufügen. Alles in einen Schmortopf gießen, die Kaninchenteile daraufgeben und mit Alufolie bedecken. Im vorgeheizten Backofen bei mittlerer Hitze etwa 40 Minuten schmoren lassen.
Die Alufolie entfernen, die heiße Fleischbrühe hinzugießen und das Fleisch im offenen Topf schmoren lassen, bis es gar ist. Dabei ab und zu mit Bratensatz begießen.
Das gare Fleisch in einer vorgewärmten Schüssel anrichten, warm stellen. Den Bratensatz nach Belieben durch ein Sieb gießen, mit Kajmak, saurer Sahne oder Joghurt gut verrühren, mit Salz und Pfeffer abschmecken.
Die Sauce über das Fleisch gießen oder getrennt dazureichen.

Beigabe: Pilaf, Salzkartoffeln oder gebackene Kartoffeln.

Ornitha se krassi aspro

Huhn in Weißweinsauce

ca. 800 g tranchierte Hühnerteile
(Brust oder Keule)
80 g Butter
2 Zwiebeln
4 enthäutete Tomaten
Salz
Pfeffer
1/2 Lorbeerblatt
250 ml (1/4 l) Weißwein
heller Saucenbinder
1 Eßl. gehackte Petersilie

Die Hühnerteile in der geschmolzenen Butter im Schmortopf anbraten. Abgezogene, feingewürfelte Zwiebeln zugeben und leicht andünsten lassen.
Die Tomaten fein hacken und unter die Zwiebeln rühren.
Salzen, pfeffern, das halbe Lorbeerblatt zugeben und den Weißwein aufgießen.
Bei schwacher Temperatur garen. Falls die Flüssigkeit nicht reicht, noch etwas Wein zugeben.
Nach Bedarf mit Saucenbinder leicht andicken.
Nochmals abschmecken, Petersilie untermischen und zu Reis oder Nudeln servieren.

Kouneli choriatiko

Kaninchen nach Bauern-Art

1 ganzes Kaninchen
250 ml (1/4 l) Essig, Wasser
1 Stück Sellerieknolle
2 Petersilienwurzeln
Salz, Pfeffer
Mehl zum Panieren
100 g Butter
5 Eßl. Öl
500 g Zwiebeln
2 Eßl. gehackte Petersilie
2 – 3 Lorbeerblätter
500 g enthäutete Tomaten
(1 1/4 l) Rot- und Weißwein
250 ml (1/4 l) pürierte Tomaten
1 Eßl. Senf

Das Kaninchen tranchieren und in gulaschgroße Stücke schneiden. Aus Essig, der etwa gleichen Menge Wasser, zerkleinerter Sellerieknolle, Petersilienwurzel, Salz und Pfeffer eine Marinade aufkochen, abkühlen und die Fleischstücke für etwa 3 Stunden einlegen. Dabei mehrfach wenden. Das Fleisch in einen Durchschlag geben, abtropfen lassen, in Mehl wälzen und in einer Kasserolle in der Butter-Öl-Mischung anbraten. Die Zwiebeln abziehen, zur Hälfte fein würfeln und zusammen mit Petersilie, Lorbeerblättern und Pfeffer einrühren. Die restlichen Zwiebeln sowie die Tomaten in

Scheiben schneiden und gleichmäßig über dem Fleisch verteilen. Rot- und Weißwein mit dem Tomatenpüree vermischen und soweit aufgießen, bis das Fleisch bedeckt ist. Notfalls noch etwas Wein nachfüllen. Einen großen Teller auflegen, um das Ganze zu beschweren, und im Backofen etwa eine Stunde garen. Vorsichtig den Teller abheben und die Oberfläche mit Senf einstreichen.

Ortiki Krassato

Wachteln in Rotweinsauce

8 bratfertige Wachteln
Salz, Pfeffer
2 Zwiebeln
80 g Butter
8 enthäutete Tomaten
250 ml (1/4 l) Rotwein
1/2 Lorbeerblatt

Die Wachteln salzen und pfeffern. Zwiebeln abziehen, fein würfeln und in einem Schmortopf in der Butter glasig dünsten lassen. Die Wachteln zugeben und rundherum leicht bräunen. Die Tomaten zugeben, den Rotwein aufgießen und das zerkleinerte Lorbeerblatt zwischen die Wachteln legen. Im Backofen garen.

Als Zwischengericht mit etwas Reis servieren.

Kotopoulo jemisto

Gefülltes Huhn

1 küchenfertige Poularde
Salz, Pfeffer
2 große abgezogene Zwiebeln
125 g durchwachsener Speck
50 g Butter
250 g Hühner- oder Putenleber
125 g Pinienkerne
2 Eßl. gehackte Minze
6 Scheiben Toastbrot

Die Poularde waschen, abtrocknen, innen und außen mit Salz und Pfeffer einreiben.
Die Zwiebeln grob hacken. Den Speck in kleine Würfel schneiden. Butter zerlassen, Speck und Zwiebeln darin anbraten. Die Leber waschen, trockentupfen, in Streifen schneiden. In der Speck-Zwiebel-Masse von allen Seiten braun braten lassen. Pinienkerne und Minze hinzufügen, alles gut verrühren. Die Toastbrotscheiben fein zerschneiden und mit der Lebermasse vermengen, mit Salz und Pfeffer abschmecken. Die Poularde mit der Masse füllen, die Öffnungen mit Küchengarn zunähen. Die Poularde auf der Rostbratpfanne in den vorgeheizten Backofen schieben, bei mittlerer Hitze braten. Sobald der Bratensatz bräunt, etwas heißes Wasser hinzugießen, die Poularde ab und zu mit dem Bratensatz begießen. Die gare Poularde mit einem Pilaf servieren.

Lachanika

Gemüse

Bamies jachni

Okra-Gemüse

(Foto S. 92/93)

1 kg Okra
3 Eßl. Kräuteressig
2 Zwiebeln
1/2 Tasse Olivenöl
10 enthäutete Tomaten
Salz
frisch gemahlener Pfeffer
3 Eßl. Petersilie
500 ml (1/2 l) Fleischbrühe

Von den Okraschoten Stiele und Spitzen entfernen.
Das Gemüse ca. 3 Minuten in kochendem Wasser abbrühen, um den sich sonst bildenden störenden Schleim zu entfernen.
In einen Durchschlag geben, mit Essig beträufeln und abtropfen lassen.
Die Zwiebeln abziehen und fein würfeln.
Das Öl in einem Schmortopf erhitzen, Zwiebeln und Okra zugeben und ständig wenden, bis das Gemüse etwas Farbe annimmt.
Enthäutete Tomaten, Salz, frisch gemahlenen schwarzen Pfeffer und Petersilie zugeben, die Fleischbrühe aufgießen.
Das Ganze mit einem Teller beschweren und im geschlossenen Topf bei schwacher Temperatur garen.

Selinorrizes avgolemono

Zitronen-Sellerie

1 kg Sellerieknollen
125 g Butter
etwa 250 ml (1/4 l) Rinderbrühe
Salz
Pfeffer
4 Eier
Saft von 2 Zitronen

Die Sellerieknollen putzen, schälen, in Streifen oder Würfel schneiden, waschen.
In einer schweren Kasserolle die Butter zerlassen, die Selleriestücke darin hellgelb dünsten lassen. Rinderbrühe hinzugießen, das Gemüse mit Salz und Pfeffer würzen und in der geschlossenen Kasserolle bei schwacher Hitze knapp gar dünsten lassen.
Die Eier schaumig schlagen, den Zitronensaft hinzufügen. Sobald das Selleriegemüse knapp gar ist, einige Löffel der heißen Gemüseflüssigkeit unter die Eiermasse geben. Die Kochplatte auf die kleinste Stufe stellen und die Eiermasse unter ständigem Rühren zum Selleriegemüse gießen. Unter ständigem Rühren so warm werden lassen, bis die Masse leicht stockt. Dann sofort vom Herd nehmen und servieren, ehe die Eiersauce gerinnen kann. (Auf keinen Fall aufkochen lassen.)

Spanakopita

Spinat-Pastete

4 Eßl. Olivenöl
1 – 2 abgezogene Zwiebeln
3 abgezogene, geputzte Schalotten oder Frühlingszwiebeln mit Lauch
800 g vorbereiteter Spinat
je 3 Eßl. gehackter Dill und gehackte glatte Petersilie
Salz
Pfeffer
4 Eßl. Sahne
200 g griechischer Feta-Käse
3 Eier
1 Packung (300 g) tiefgekühlter Blätterteig
etwa 60 g Butter

Für die Füllung:

Oivenöl in einem Schmortopf erhitzen, Zwiebeln hacken, Schalotten oder Frühlingszwiebeln mit Lauch fein schneiden, die Zutaten in dem Olivenöl unter ständigem Rühren glasig dünsten lassen.

Spinat gut waschen, abtropfen lassen, hinzufügen und zugedeckt einige Minuten dünsten lassen, bis die Blätter zusammengefallen sind. Das Gemüse bei schwacher Hitze gar dünsten lassen, die gehackten Kräuter unterrühren, mit Salz, Pfeffer würzen, in eine Rührschüssel geben, etwas abkühlen lassen.

Sahne, Feta-Käse und die verquirlten Eier unterrühren.

Die Blätterteigplatten auftauen lassen, zu einem Rechteck ausrollen, Boden und Wände einer Königskuchenform (Länge etwa 25 cm) damit auskleiden, etwas Teig über den Rand stehenlassen. Einen Teil des Teiges als Decke zurücklassen. Die Spinatmasse in die Form füllen, mit der zurückgelassenen Teigplatte bedecken, die überstehenden Teigränder darauf festdrücken. Butter zerlassen, darübergeben. Die Pastete im vorgeheizten Backofen bei mittlerer Hitze backen, bis die Oberfläche goldbraun ist.
Heiß oder kalt servieren, nach Belieben Joghurt oder Käse dazureichen.

Sparanghia elinika

Spargel auf griechische Art

600 g Spargel
4 Eßl. Olivenöl
1 Eßl. Zitronensaft
1 Eßl. Kräuteressig
1 Teel. Senf
Salz

Den Spargel schälen und in Salzwasser kochen. Das Olivenöl mit Zitronensaft und Essig verquirlen und dabei den Senf unterheben. Leicht salzen und über den abgetropften und zerschnittenen Spargel gießen. Vor dem Servieren mehrfach wenden.

Melitzanes jachni

Auberginengemüse mit Zwiebeln (Foto)

750 g Auberginen
Salz
6 Eßl. Olivenöl
250 g weiße oder violette Zwiebeln
1 Knoblauchzehe
1 Lorbeerblatt
3 Eßl. gehackte Petersilie

Die Auberginen waschen, abtrocknen, in Scheiben schneiden, mit Salz bestreuen, etwa 1 Stunde ziehen lassen. Die entstandene Flüssigkeit mit Haushaltspapier abtupfen. Das Olivenöl in einer großen Pfanne erhitzen, die Auberginenscheiben von beiden Seiten darin braun braten, herausnehmen, warm stellen. Die Zwiebeln abziehen, in Scheiben schneiden, in dem verbliebenen Bratfett mit der abgezogenen, grob gehackten Knoblauchzehe und dem Lorbeerblatt anbraten.

Knoblauchstücke und Lorbeerblatt entfernen, das Bratfett abgießen. Die Zwiebelringe mit den Auberginenscheiben und der gehackten Petersilie vermengen, das Gemüse noch einmal kurz erhitzen.

Tip: Die auf diese Weise zubereiteten Auberginenscheiben können auch für gemischte Salate verwendet werden.

Piperjes jemistes

Gefüllte Paprika

400 g Rinderhack
2 mittelgroße Zwiebeln
Salz
Pfeffer
2 Eßl. gehackte Minze
ca. 6 Eßl. gekochter Reis
4 große oder
8 kleine Gemüsepaprika
4 Eßl. Öl
500 ml (1/2 l) Tomatensaft
etwas gekörnte Brühe

Das Rinderhack in eine Rührschüssel geben.
Die Zwiebel abziehen, fein hacken und untermischen.
Mit Salz und Pfeffer würzen, die gehackte Minze zugeben und alles mit dem gekochten Reis vermengen.
Von den Paprikaschoten die Deckel mit Stielansatz abschneiden, entkernen, die weißen Scheidewände entfernen und die Schoten auswaschen.
Mit der Fleisch-Reis-Mischung füllen, in einen Schmortopf stellen.
Öl und Tomatensaft dazwischen gießen, gekörnte Brühe einstreuen und zugedeckt bei schwacher Temperatur auf dem Herd oder im Backofen garen.

Beilage: Salzkartoffeln und Joghurt.

Melitzanes jemistes

Auberginen mit Reisfüllung

4 mittelgroße Auberginen
1 Zitrone
250 g Rinderhack
2 Zwiebeln
2 Knoblauchzehen
1 Teel. Oregano
Salz
Pfeffer
6 – 8 Eßl. gekochter Reis
3 Eßl. gehackte Petersilie
4 Eßl. Olivenöl
250 ml (1/4 l) Tomatensaft

Die Auberginen der Länge nach halbieren und das weiche Kerngehäuse entfernen. Das Innere mit dem Saft der Zitrone ausreiben.
Das Rinderhackfleisch in eine Rührschüssel geben.
Zwiebeln und Knoblauchzehen abziehen, fein hacken und zusammen mit den Gewürzen, Reis und der frisch gehackten Petersilie unter das Fleisch mengen.
Mit dieser Masse die Auberginen füllen.
Das Öl in eine Schmorpfanne geben. Die Auberginenhälften gleichmäßig darin verteilen und Tomatensaft dazwischen gießen.
Im Backofen backen, bis die Auberginen gar und die Füllungen gebräunt sind.

Fasolia jachni

Dicke Bohnen nach Bauern-Art

400 g weiße Bohnen
8 Eßl. Olivenöl
4 Zwiebeln
2 Knoblauchzehen
2 Stangen Staudensellerie
2 Möhren
Salz
Pfeffer
125 ml (1/8 l) Tomatensaft
2 Eßl. gehackte Petersilie
1 Eßl. Oregano
Zucker

Die Bohnen einige Stunden einweichen, das Wasser wechseln und aufkochen. Ca. 5 Minuten kochen lassen, abkühlen, abgießen.
In einer Kasserolle das Öl erhitzen, Zwiebeln und Knoblauch abziehen und hacken. Im heißen Öl goldgelb anbraten. Die Bohnen aufschütten, ausreichend Wasser zugeben und umrühren. Im geschlossenen Topf ca. 3/4 Stunden simmern lassen.
Inzwischen Selleriestangen und Mohrrüben kleinschneiden und zu den halbgaren Bohnen geben. Noch einmal umrühren, salzen, pfeffern und Tomatensaft zugießen. Noch ca. 30 Minuten weitergaren. Danach Petersilie und Oregano unterrühren und mit Salz, Pfeffer und einer Prise Zucker abschmecken.

Lachana jachni

Buntes Kohlgemüse

2 große Zwiebeln
5 Eßl. Olivenöl
2 Stangen Staudensellerie
3 enthäutete Tomaten
3 Möhren
Salz
Pfeffer
1 kg Weißkohl
1 Teel. Kapern

Die Zwiebeln abziehen, grob zerschneiden und in dem erhitzten Olivenöl in einer großen Kasserolle glasig dünsten lassen. Staudensellerie putzen, waschen, in feine Streifen schneiden, Möhren putzen, schrappen, waschen, in kleine Stücke schneiden. Tomaten vierteln, das Gemüse zu den Zwiebeln geben. Mit Salz und Pfeffer bestreuen, etwas Wasser hinzugießen, bei schwacher Hitze dünsten lassen. Weißkohl vom Strunk und den äußeren Blättern befreien, in kleine Stücke schneiden, waschen, mit kochendem Salzwasser übergießen, abtropfen lassen und unter das Gemüse rühren. Noch etwas Wasser hinzugießen, weitere 10 Minuten bei schwacher Hitze dünsten lassen. Kapern unter das gare Gemüse rühren.

Das bunte Kohlgemüse zu Lammfleisch und Kartoffeln servieren.

Patates gratin

Kartoffelgratin

2 Knoblauchzehen
1 kg Kartoffeln
100 g geriebener Kefalotiri,
Parmesan oder anderer Hartkäse
200 g harte Dauerwurst (Salami)
2 Eßl. Oregano
Salz
Pfeffer
500 ml (1/2 l) Milch

Die Knoblauchzehen abziehen, eine Zehe aufschneiden und eine Auflaufform damit ausreiben.
Danach beide Knoblauchzehen fein hacken. Kartoffeln schälen, in Scheiben schneiden und mit einem Teil davon den Boden der Schüssel belegen. Etwas Käse sowie einen Teil der in kleine Stücke geschnittenen Wurst darauf verteilen.
Knoblauch und Oregano einstreuen und abwechselnd Kartoffeln, Wurst und Käse einschichten, bis alle Zutaten verteilt sind.
Etwas Salz und frisch gemahlenen Pfeffer überstreuen und soviel Milch aufgießen, daß die Flüssigkeit bis zur oberen Schicht reicht, sie aber nicht bedeckt.
Im Backofen bei mittlerer Hitze ca. 1 Stunde backen, bis die obere Lage Kartoffeln eine kräftige Bräune angenommen hat.
Einen frischen grünen Salat als Beilage reichen.

Kolokithakia me avgha

Zucchini-Omelett

(Foto)

800 g Zucchini
125 ml (1/8 l) Sonnenblumen- oder Maisöl
6 Eier
Salz
gerebelter Oregano
schwarzer Pfeffer

Die Stengelansätze der Zucchini abschneiden.
Die Zucchini waschen, der Länge nach halbieren, dann in Scheiben schneiden.

Das Öl in einem Schmortopf erhitzen, das Gemüse darin unter mehrfachem Wenden goldgelb dünsten.
Die Eier gut verquirlen, mit Salz, gerebeltem Oregano, frisch gemahlenem schwarzem Pfeffer würzen.
Etwas von dem Gemüse-Bratfett in eine große Pfanne geben, erhitzen, die Eiermasse hineingeben.
Die abgetropften Zucchinistücke darauf verteilen und etwas in die Eiermasse einrühren.
Das Omelett langsam gerinnen lassen, sofort servieren.

Frisches Fladenbrot im Backofen aufbacken und als Beigabe zu dem Zucchini-Omelett servieren.

Melitzano salata

Auberginenmus

600 g Auberginen
2 Eßl. Olivenöl
1 Teel. Zitronensaft
Salz
1 mittelgroße Zwiebel
2 Knoblauchzehen
1 – 2 Eßl. Mayonnaise

Die Auberginen über einer offenen Flamme oder auf einer elektrischen Herdplatte so lange drehen, bis die Haut zu bräunen beginnt.
Nachdem die Früchte von allen Seiten gleichmäßig angeröstet sind, die Haut abziehen, das dampfende Fleisch mit einem Messer zerhacken und in eine Rührschüssel geben.
Mit einem Holzlöffel kräftig durcharbeiten, dabei Öl, Zitrone und Salz zugeben.
Sobald die Masse einen seidigen Glanz erhält, die abgezogenen und feingehackten Zwiebeln sowie die abgezogenen und zerdrückten Knoblauchzehen zusammen mit der Mayonnaise zugeben.
Mit aufgeschnittenen Tomaten und schwarzen Oliven dekorieren.

Den Salat als warme Gemüsebeilage oder kalt als Brotaufstrich servieren.

Anginares à la Polita
Artischocken, gedünstet

8 Artischocken oder 8 Artischockenböden aus der Dose und
etwas Zitronensaft
8 Eßl. Olivenöl
5 Kartoffeln
1 – 2 Möhren
1 große Zwiebel
Salz
weißer Pfeffer
Saft von 1 Zitrone
2 Eßl. trockener Weißwein
2 Teel. Speisestärke
3 Eßl. gehackter Dill

Die vorbereiteten Artischocken kochen, von Blättern und Heu befreien, die Artischockenböden auslösen.

Oder Artischockenböden aus der Dose abtropfen lassen, mit etwas Zitronensaft beträufeln.

4 Eßl. Olivenöl in einen Schmortopf geben, die Artischockenböden darauf verteilen.

Kartoffeln schälen, waschen, in dünne Scheiben schneiden, auf die Artischockenböden legen.

Möhren putzen, schrappen, waschen, längs in Viertel, dann in kleine Stücke schneiden, zwischen die Kartoffelscheiben geben.

Die Zwiebel abziehen, fein hacken. Das restliche Öl erhitzen, Zwiebelwürfel darin anbraten.

Zu dem übrigen Gemüse geben, mit Salz und Pfeffer bestreuen, so viel Wasser hinzugießen, daß die Kartoffelscheiben gerade bedeckt sind. Etwa 25 Minuten garen lassen (Wasser sollte fast verkocht sein).

Speisestärke mit Zitronensaft und Weißwein anrühren, mit Salz und Pfeffer würzen, den Dill unterrühren.

Die Flüssigkeit über das Gemüse geben.

Weitere 25 Minuten garen lassen, bis die Sauce gestockt ist.

Das Gemüse kalt mit Bauernbrot und Schafskäse servieren.

Tomates jemistes me risi
Gefüllte Tomaten

1 Eßl. Butter
75 g Langkornreis
4 große oder 8 kleinere Tomaten
Salz
125 ml (1/8 l) Olivenöl
1 große abgezogene Zwiebel
etwa 5 Eßl. Tomatenmark
3 Eßl. gehackte glatte Petersilie
2 Eßl. gehackte Minze
1 Teel. gerebelter Oregano
1 abgezogene Knoblauchzehe
Pfeffer

Die Butter in einer kleinen Kasserolle zerlassen.
Den Reis hinzufügen, so lange rühren, bis er hellgelb geröstet ist. Gut 150 ml (etwa 1 Tasse) Wasser hinzugießen.

Den Topf mit zwei Schichten Küchenpapier bedecken, den Deckel daraufsetzen, den Reis bei schwacher Hitze ausquellen lassen.

Von den Tomaten die Deckel abschneiden, das Innere aushöhlen. Die Tomaten innen leicht mit Salz bestreuen.

Das Olivenöl in einer kleinen Kasserolle erhitzen. Die feingehackte Zwiebel darin glasig dünsten lassen. Das zerkleinerte Tomateninnere mit der Hälfte Tomatenmark und etwas Wasser verrrühren, gehackte Petersilie, gehackte Minze und gerebelten Oregano sowie die zerdrückte Knoblauchzehe hinzufügen. Mit Salz und Pfeffer würzen, mit dem garen Reis vermengen.

Die Tomaten mit der Reismasse füllen, den Deckel daraufsetzen.
Das Gemüse in eine gefettete feuerfeste Form geben.

Restliches Tomatenmark mit etwas Wasser anrühren, hinzugießen und die offene Form in den vorgeheizten Backofen stellen. So lange backen, bis die Oberfläche der Tomaten gut gebräunt ist.

Falls zuviel Flüssigkeit verdunstet, noch etwas mit Wasser angerührtes Tomatenmark hinzufügen.

Kolokithakia tighanita

Zucchini mit Knoblauchsauce

800 g Zucchini
Salz
Pfeffer
Mehl
Olivenöl zum Ausbacken
4 pürierte Pellkartoffeln
8 Eßl. Olivenöl
Salz
4 abgezogene und durchgepreßte Knoblauchzehen
4 Eßl. Kräuteressig

Die Zucchini in Scheiben schneiden, leicht salzen und pfeffern, in Mehl wälzen und im Olivenöl ausbacken.

Für die Sauce:
Die Pellkartoffeln mit dem Olivenöl, Salz, Knoblauch und Essig in einen Rührbecher geben und mit dem Handrührgerät durcharbeiten. Falls die Flüssigkeit nicht reicht, etwas Öl und Essig nachfüllen, mit Salz abschmecken.

Tip: Es ist ratsam, die dazu gereichte Koblauchsauce schon vorher zuzubereiten, da sie kalt zu den heißen Zucchini gereicht wird.

Risi ke Pligouri

Reis und Burghul

Garides pilaffi
Garnelen-Pilaf
(Foto S. 104/105)

Während auf griechischen Märkten die verschiedenen Garnelenarten lebend angeboten werden, die man noch kochen und pulen muß,können deutsche Verbraucher nur vorbereitete Krustentiere erhalten, die frisch, als Tiefkühlprodukt oder Konserve angeboten werden. Für das Garnelen-Pilaf eignen sich am besten Langustenschwänze (Kaisergranat); aber auch Nordseekrabben, Grönlandkrabben oder Shrimps aus warmen Meeren können dazu verwendet werden.

125 ml (1/8 l) Olivenöl
2 mittelgroße abgezogene Zwiebeln
200 g Langkornreis
500 g vorbereitete Garnelen
2 Stangen Staudensellerie
2 Eßl. gehackte Petersilie
Salz, Pfeffer
1 Teel. gerebelter Oregano

Das Olivenöl in einer schweren Kasserolle erhitzen, die gehackten Zwiebeln darin glasig dünsten lassen. Den Reis hinzufügen und unter ständigem Rühren glasig werden lassen. 500 – 750 ml (½-¾ l) Wasser hinzugießen. Die Garnelen, die geputzten, feingeschnittenen Selleriestangen, die gehackte Petersilie unterrühren. Mit Salz und Pfeffer würzen, alles einmal aufkochen lassen, dann sofort die Hitze verringern. 3 – 4 Lagen Küchenpapier über die Kasserolle legen, den Deckel daraufgeben. Das Gericht bei schwacher Hitze garen lassen, bis der Reis die gesamte Flüssigkeit aufgenommen hat.

Moujentra
Reis mit Linsen

400 g Linsen
6 große abgezogene Zwiebeln
4 Eßl. Olivenöl
200 g Langkornreis
Salz, Pfeffer

Die Linsen waschen, in 1 ½-2 l Wasser mit 2 grob gehackten Zwiebeln halbgar kochen.
2 Eßl. Olivenöl in einer großen Kasserolle erhitzen, 2 gehackte Zwiebeln darin hellbraun dünsten lassen. Die Linsen und den Reis dazugeben, ausreichend Wasser hinzugießen, mit Salz und Pfeffer würzen und so lange kochen lassen, bis der Reis gar ist und das Wasser aufgenommen hat.
Restliche Zwiebeln hacken, 2 Eßl. Olivenöl erhitzen, Zwiebeln darin knusprig braun braten, über den garen Reis mit Linsen geben.

Spanakoriso
Reis-Spinat

Während man in Italien beim Risi e pisi den Reis zusammen mit Erbsen gart, bereiten die Griechen auch andere Gemüseearten mit Reis zu. Hierdurch entstehen besondere Geschmacksnuancen.

800 g vorbereiteter Spinat
1 abgezogene Zwiebel
4 Eßl. Olivenöl
1 Eßl. Tomatenmark
200 g Langkornreis
1 Eßl. gehackter Dill
1 Eßl. Zitronensaft
Salz, Pfeffer

Den Spinat sorgfältig waschen und mit kochendem Wasser übergießen. Auf ein Sieb geben, abtropfen lassen. Die Zwiebel in Scheiben schneiden, ebenfalls mit kochendem Wasser übergießen, abtropfen lassen und fein hacken. Das Olivenöl in einer Kasserolle erhitzen, die Zwiebeln darin goldbraun braten.
Den Spinat grob zerkleinern, zu den Zwiebeln geben, Tomatenmark und Reis unterrühren. 250 ml (¼ l) Wasser hinzugießen, alles bei schwacher Hitze garen lassen. Vor dem Servieren den gehackten Dill und den Zitronensaft unterrühren, und den Reis mit Salz und Pfeffer abschmecken.

Manitaria me risi
Pilze mit Reis

6 Eßl. Olivenöl
125 g feingehackte violette Zwiebeln
500 g vorbereitete Champignons (oder andere Pilze)
2 Sellerieblätter
2 Eßl. gehackte Petersilie
500 ml (½ l) Fleischbrühe
250 ml (¼ l) Weißwein
Salz
Pfeffer
200 g Langkornreis

Das Olivenöl in einer großen Kasserolle erhitzen.
Die feingehackten Zwiebeln darin glasig dünsten lassen.
Die Pilze grob zerkleinern, hinzufügen und unter ständigem Rühren etwa 2 Minuten mitdünsten lassen.
Sellerieblätter waschen, in feine Streifen schneiden, zu den Pilzen geben.
Fleischbrühe und Weißwein hinzugießen, mit Salz und Pfeffer würzen.
Den Reis unterrühren und bei schwacher Hitze garen lassen, bis die Flüssigkeit aufgenommen ist.

Mousaka me risi

Reisauflauf (Foto)

400 g Reis
4 mittelgroße Zwiebeln
30 g Butter
600 g Rinderhack
Salz
150 g geriebener Hartkäse
250 ml (1/4 l) Milch
Saucenbinder
2 Eier
Saft einer Zitrone

Den Reis in der üblichen Weise garen, in einen Durchschlag geben und etwas trocknen lassen.
Die Zwiebeln abziehen, fein würfeln und in der Butter andünsten.
Das Fleisch zugeben und unter ständigem Rühren anbraten. Mit dem Reis vermischen, salzen und in eine Auflaufform füllen.
Dabei den Käse gleichmäßig untermengen.
Die Milch aufkochen und mit Saucenbinder andicken.
Die angedickte Milch vom Herd nehmen, leicht abkühlen lassen und langsam unter die verquirlten Eier rühren.
Zitronensaft zugeben, mit Salz würzen und über die Auflaufmasse gießen.
Im Backofen etwa 20 Minuten garen, bis die Oberfläche zu bräunen beginnt.
Salat dazureichen.

Karouli aspri me risi

Schnecken mit Reis

Etwa 400 g Schnecken
(aus der Dose)
2 mittelgroße abgezogene
Zwiebeln
4 Eßl. Olivenöl
400 g Langkornreis
Salz
Pfeffer
2 Eßl. Zitronensaft

Die Schnecken auf ein Sieb geben, gut abtropfen lassen.
Die Zwiebeln fein hacken, das Olivenöl in einer Kasserolle erhitzen, die Zwiebeln darin hellbraun dünsten lassen.
Den Reis hinzufügen, unter ständigem Rühren glasig werden lassen.
Die Schnecken unterrühren und soviel Wasser hinzugießen, daß der Reis gut bedeckt ist.
Mit Salz und Pfeffer würzen.
Bei schwacher Hitze garen lassen, bis der Reis die Flüssigkeit aufgenommen hat.
Den Zitronensaft unterrühren.

Karouli me Pligouri

Schnecken auf zyprische Art

(Foto)

2 große Zwiebeln
2 enthäutete Gemüsetomaten
4 Eßl. Olivenöl
300 g Burghul
etwa 600 g Weinbergschnecken
(aus der Dose)
Salz
Pfeffer
gehackte Petersilie

Die Zwiebeln abziehen, in Scheiben schneiden, mit kochendem Wasser überbrühen. Abtropfen lassen und fein hacken.
Die Tomaten in kleine Stücke schneiden. Das Olivenöl in einer Kasserolle erhitzen, Zwiebel- und Tomatenstücke darin unter ständigem Rühren dünsten lassen, bis die Zwiebeln hellbraun werden. Den gewaschenen Burghul dazugeben, ausreichend Wasser hinzugießen und die Schnecken unterrühren. Einmal aufkochen lassen, dann die Hitze sofort verringern.
Das Gericht mit Salz und Pfeffer würzen und bei schwacher Hitze garen lassen, bis der Burghul die Flüssigkeit aufgenommen hat.
In einer vorgewärmten Schüssel anrichten, mit frisch gehackter Petersilie bestreuen.

Pligouri

Burghul

Burghul oder auch Bulgur ist ein vorgequollenes Weizenkorn, das schon nach sehr kurzer Kochzeit gar ist.
Burghul ist bei uns in türkischen Lebensmittelgeschäften und manchmal auch in Reformhäusern erhältlich.

Pilaffi Pligouri

Tomaten-Pilaf aus Burghul

6 Eßl. Olivenöl
2 große abgezogene Zwiebeln
3 enthäutete Tomaten
Salz
Pfeffer
200 g Burghul

Das Olivenöl in einer Kasserolle erhitzen, die Zwiebeln fein hacken, darin hellbraun dünsten lassen. Die Tomaten kleinschneiden, hinzufügen, mit Salz und Pfeffer würzen. Etwa 500 ml (½ l) Wasser zugießen, den Burghul unterrühren, bei schwacher Hitze garen lassen, evtl. etwas Wasser nachgießen.
Vor dem Servieren gut umrühren.

Saltses
Saucen

Saltsa tomates I

Tomatensauce I

(Foto S. 112/113)

1 kg Tomaten
1 Möhre
1 Stange Staudensellerie
1 Zwiebel
1 Lorbeerblatt
2 Knoblauchzehen
Salz
Pfeffer
30 g Butter
30 g Weizenmehl
1 Eßl. gehackter Oregano oder
1 Teel. gerebelter Oregano
1 Eßl. gehacktes Basilikum oder
1 Teel. gerebeltes Basilikum
Zucker

Die Tomaten kurze Zeit in kochendes Wasser legen, in kaltem Wasser abschrecken, enthäuten, die Stengelansätze entfernen, die Tomaten kleinschneiden.
Die Möhre putzen, schrappen, waschen, in Würfel schneiden. Die Selleriestange putzen, waschen, kleinschneiden. Die Zwiebel abziehen, fein hacken. Tomatenstücke mit dem vorbereiteten Gemüse und dem Lorbeerblatt gar dünsten lassen, Lorbeerblatt entfernen. Die Knoblauchzehen abziehen, fein hacken, mit Salz verreiben, in die Tomaten-Gemüse-Masse geben. Alles in einem Mixer gut verrühren, mit Salz und Pfeffer würzen.
Die Butter zerlassen, das Weizenmehl darin unter Rühren erhitzen, bis es hellgelb ist. Etwa 3 Eßl. Wasser, dann langsam die Tomatenmasse unterrühren, Oregano und Basilikum hinzufügen, alles mit einem Schneebesen gut durchschlagen. Die Tomatensauce bei schwacher Hitze kochen lassen, bis sie dicklich ist, mit Zucker abschmecken

Saltsa avgolemono

Zitronensauce

500 ml (1/2 l) Fleischbrühe
8 Eigelbe
Saft von 2 Zitronen
Salz
weißer Pfeffer
geriebene Muskatnuß
2 Eßl. griechischer Weinbrand

Die Brühe im Wasserbad erhitzen, jedoch nicht kochen lassen. Die Eigelbe mit dem Zitronensaft gut verschlagen und einige Eßl. heiße Brühe unterrühren. Dann die Eiermasse in dünnem Strahl unter ständigem Rühren unter die Brühe schlagen. Unter Rühren so lange erhitzen, bis die Flüssigkeit dicklich wird. Mit Salz, Pfeffer, Muskatnuß und Weinbrand abschmecken.

Saltsa Besamel

Béchamelsauce auf griechische Art

Eine Reihe von Eintopfgerichten werden in der griechischen Küche in einer Béchamelsauce gegart. In ihrer Zusammensetzung entspricht sie etwa der uns bekannten Sauce, in der Zubereitung bestehen jedoch Unterschiede.

500 ml (½ l) Milch
gut 1 Eßl. Butter
3 Eier
40 g Weizenmehl
Salz

Etwa ⅔ der Milch zusammen mit der Butter bis knapp zum Siedepunkt erhitzen, von der Kochstelle nehmen.

Die Eier in einen zweiten Topf geben.

Das Weizenmehl mit der restlichen Milch verrühren, Salz hinzufügen und die Masse bei langsamer Erwärmung mit einem Schneebesen unter die Eier rühren.

Mit zunehmender Hitze kräftiger schlagen und in dünnem Strahl die erhitzte Milch zugießen.

Die dabei andickende Sauce bis zum Kochen bringen, einmal aufkochen lassen und dann je nach Rezept weiterverwenden.

Kefalotiri yia salata

Käsesauce

200 g Joghurt
100 g geriebener Kefalotiri-Käse
2 Eßl. Olivenöl
1 Eßl. Zitronensaft
Salz
Pfeffer
Zucker

Den Joghurt unter ständigem Rühren erhitzen, geriebenen Käse und Olivenöl dazugeben und alles so lange erhitzen, bis der Käse geschmolzen ist. Die Masse abkühlen lassen und mit Zitronensaft, Salz, Pfeffer und Zucker abschmecken.

Xidolado

Griechische Salatsauce

125 ml (⅛ l) Olivenöl
4 Eßl. Weinessig
¼ Teel. Senfpulver
½ Teel. Salz
frisch gemahlener Pfeffer
1 Eßl. gehackte Petersilie oder
1 Eßl. gehacktes Basilikum

Die Zutaten gut miteinander verrühren, etwa 30 Minuten durchziehen lassen.
Anstelle von Essig kann auch Zitronensaft verwendet werden.

Skordalia me yaourti

Knoblauchsauce
mit Joghurt
(Foto)

2 Knoblauchzehen
Salz
200 g Sahnejoghurt oder
Crème fraîche
100 g gemahlene Mandeln
2 Eßl. Olivenöl (kaltgepreßt)
2 Eßl. Zitronensaft
1 Eßl. feingehackte Petersilie

Die Knoblauchzehen abziehen, fein hacken, mit Salz verreiben.
Knoblauch mit Joghurt (Crème fraîche), gemahlenen Mandeln, kaltgepreßtem Olivenöl und Zitronensaft gut verrühren, gehackte Petersilie hinzufügen.
Die Knoblauchsauce evtl. mit Salz abschmecken, gut gekühlt servieren.

Saltsa Besamel avgolemono

Zitronensauce
auf Béchamel-Basis

Béchamelsauce wie auf S. 115 zubereiten.
Sobald sie fertig ist, soviel Zitronensaft unterrühren, bis sie einen frischsauren Geschmack vermittelt.

Saltsa tomates II

Tomatensauce II

1 kg Tomaten
200 g Zwiebeln
2 Knoblauchzehen
250 ml (1/4 l) Fleischbrühe
geriebene Muskatnuß
gemahlener Ingwer
Salz
Pfeffer
Essig
Zucker

Die Tomaten kurze Zeit in kochendes Wasser legen, in kaltem Wasser abschrecken, enthäuten, die Stengelansätze entfernen, die Tomaten kleinschneiden.
Zwiebeln und Knoblauchzehen abziehen, fein hacken und zu den Tomaten geben.
Die Fleischbrühe dazugießen.
Die Masse unter ständigem Rühren aufkochen lassen, mit geriebener Muskatnuß, gemahlenem Ingwer, Salz und Pfeffer würzen.
Bei schwacher Hitze etwa 2 Stunden kochen lassen.
Von Zeit zu Zeit umrühren.
Durch ein Sieb streichen oder im Mixer pürieren.
Die Sauce mit Essig und Zucker abschmecken.

Epidhorpia
Desserts

Frutosalata

Fruchtsalat nach griechischer Art

(Foto S. 118/119)

1 mittelgroße Wassermelone
1 Netzmelone
1 – 2 Apfelsinen
1 Apfel
1 Birne
100 g Weintrauben
100 g Rosinen
50 g Walnußkerne (grob gehackt)
6 cl griechischen Weinbrand
Zitrone
Zucker

Von der Wassermelone vorsichtig das obere Drittel abschneiden, die Kerne entfernen, aus dem Fruchtfleisch mit einem Kartoffelausstecher Kugeln ausstechen.
Mit einem spitzen Messer die Melonenränder zackenförmig ausschneiden.
Die restlichen Früchte in kleine Stücke schneiden.
Walnußkerne und Rosinen hinzufügen, alle Zutaten vermengen.
Den Weinbrand zugießen, mit Zitronensaft und Zucker abschmecken.

Den Fruchtsalat in der Melonenschale anrichten, vor dem Servieren 2 Stunden kalt stellen.

Melopita

Honig-Dessert von der Insel Siphnos

500 g ungesalzener frischer Mizithra-Käse (ersatzweise Hüttenkäse oder italienischer Ricotta)
100 g Zucker
½ Teel. gemahlener Zimt
300 g Honig
3 Eier
gemahlener Zimt oder ungesalzene gehackte Pistazien zum Bestreuen

Käse mit Zucker und Zimt in einem Mixer gut verrühren.
Nach und nach den Honig hinzufügen, gut verschlagen und die Eier einzeln hinzufügen.
Alles zu einer cremigen Masse verrühren, in eine flache runde oder rechteckige Backform füllen und im vorgeheizten Backofen bei 200 Grad etwa 45 Minuten backen.
Die Temperatur auf 250 Grad erhöhen und die Speise noch etwa 15 Minuten backen, bis sie sich, ohne zu kleben, schneiden läßt.
Den Backofen ausschalten, öffnen und die Speise im Backofen auskühlen lassen.

Das Honig-Dessert mit Zimt oder gehackten Pistazien überstreut servieren.

Kidonopasto

Quittenpaste nach Art der Insel Cephalonia

(10 Portionen)

2 kg reife Quitten
750 g Honig
1 Teel. gemahlener Zimt
150 g abgezogene Mandeln
Zucker
einige Lorbeerblätter

Die Quitten waschen, abtrocknen, im vorgeheizten Backofen bei 200 Grad etwa 45 Minuten backen, bis die Schale dunkelbraun ist. Die Quitten abkühlen lassen, die Schale abziehen. Die Quitten vierteln, das Kerngehäuse entfernen, das Fruchtfleisch in kleine Stücke schneiden, durch ein Sieb streichen und mit dem Honig vermengen.
Die Masse in einen schweren Emaille-, Edelstahl- oder Kupfertopf geben und unter ständigem Rühren mit einem Holzlöffel bei schwacher Hitze etwa 1 ½ Stunden kochen lassen. Nach etwa 1 Stunde den Zimt hinzufügen.
Die Mandeln in einer Pfanne ohne Fett leicht rösten, einige Mandeln zum Garnieren zurücklassen, die anderen unter die Quittenpaste rühren. Die Paste in eine Steingutschüssel füllen oder auf ein mit Zucker bestreutes Backblech streichen, mit den zurückgelassenen, halbierten Mandeln garnieren und mit einem Leinentuch bedeckt einige Tage trocknen lassen.
Quittenpaste im Steingutgefäß wird mit Lorbeerblättern abgedeckt aufbewahrt und nach Bedarf portionsweise entnommen.
Quittenpaste vom Blech wird in Würfel geschnitten, die man mit Zucker bestreut und zusammen mit einigen Lorbeerblättern in Blechdosen aufbewahrt.

Halva I

Halva mit Mandeln

250 g Zucker
125 g Butter
250 g Kindergrieß
100 g gemahlene Mandeln
1 Teel. gemahlener Zimt
500 ml (1/2 l) Milch
4 Eier

Zucker und Butter in etwa 5 Minuten schaumig rühren, Grieß, Mandeln und Zimt unterheben. Die Eier trennen, die Eiweiß leicht schaumig schlagen, mit den Eigelben vermengen, unter die Grießmasse heben. Die Milch hinzugießen, unterrühren. Die Masse in eine feuerfeste Auflaufform füllen. Im vorgeheizten Backofen bei mittlerer Hitze backen, bis die Oberfläche gebräunt ist.

Crema amygdalon

Mandelcremespeise

(6 – 8 Portionen, Foto)

500 ml (1/2 l) Milch
500 ml (1/2 l) Sahne
150 g abgezogene Mandeln
150 g Zucker
1/2 Teel. Mandelextrakt
60 g Reismehl
1 Eßl. frische Granatapfelkerne
1 Eßl. halbierte, ungesalzene Pistazien

Von der Milch 125 ml (1/8 l) abmessen, beiseite stellen. Restliche Milch mit der Sahne erhitzen.
Von den Mandeln etwa 15 Stück zum Garnieren zurücklassen. Die restlichen Mandeln im Mixer fein pürieren, mit dem Zucker in das heiße Milch-Sahne-Gemisch rühren. Die Mandelmilch bei etwa 60 Grad 1/2 Stunde lang erhitzen, durch ein feines Sieb gießen.
Das zurückbleibende Mandelmehl gut ausdrücken, entfernen.
Die Mandelmilch wieder erhitzen, Mandelextrakt hinzufügen. Das Reismehl mit der abgemessenen Milch anrühren, in die heiße Milch geben, gut verrühren, aufkochen lassen.
Unter ständigem Rühren bei schwacher Hitze zu einer dicklichen Masse kochen lassen. Die Speise erkalten lassen, dabei ab und zu umrühren.
In Portionsschälchen oder eine große Schale füllen, mit Granatapfelkernen, halbierten Pistazien und den zurückgelassenen ganzen Mandeln garnieren.

Die Mandelcremespeise gut gekühlt servieren.

Alevroriso

Reismehlpudding

1 l Milch
100 g Zucker
75 g Reismehl
1 Vanilleschote
1 Teel. gemahlener Zimt
50 g Korinthen
50 g ungesalzene Pistazien

750 ml (3/4 l) Milch mit dem Zucker zum Kochen bringen.
Das Reismehl mit der restlichen Milch verrühren, in die kochende Milch geben.
Bei schwacher Hitze kräftig durchschlagen, bis eine cremige Masse entstanden ist.
Vanilleschote aufschneiden, das Mark herauskratzen, unterrühren.
Die Puddingmasse in Portionsschälchen oder eine große Schale füllen, erkalten lassen, mit Zimt, Korinthen und Pistazien bestreuen und bis zum Servieren noch einige Stunden kalt stellen.

Halva II

Halva mit Sirup

200 g Butter
200 g Zucker
4 Eier
250 g Grieß
125 g gehackte Mandeln
1 Teel. gemahlener Zimt
Butter oder Margarine zum Ausfetten

Für den Sirup:
500 g Zucker
Saft von 1 Zitrone
gemahlener Zimt

Butter und Zucker in 5 Minuten schaumig rühren. Die Eier einzeln hinzufügen und unterrühren. Den Grieß langsam hineinstreuen, dann die Mandeln und den Zimt unterheben.
Ein Backblech mit Butter oder Margarine ausstreichen, die Grießmasse hineingeben und im vorgeheizten Backofen bei mittlerer Hitze etwa 40 Minuten backen.

Für den Sirup:
Zucker mit 1 l Wasser zum Kochen bringen, leicht einkochen lassen, mit Zitronensaft und Zimt abschmecken, über das noch heiße Halva gießen.

Halva in Würfel geschnitten servieren.

Moustalevria

Traubenpudding

500 ml (1/2 l) Traubensaft
1 Stange Zimt
6 Blatt Gelatine
2 Eßl. Sesam-Samen
Schlagsahne

Den Traubensaft mit der Zimtstange auf etwa 50 Grad erwärmen. Die Gelatine in kaltem Wasser einweichen, ausdrücken und im heißen Saft lösen. Auf Portionsschälchen verteilen und kalt stellen. Sobald der Gelee fest geworden ist, eine Haube Schlagsahne aufsetzen. Die Sesam-Samen in einer trockenen Pfanne rösten und überstreuen.

Crema Caramela

Karamelcreme

200 g Zucker
1 Prise Weinsteinsäure
Butter zum Ausfetten
4 Eier
500 ml (1/2 l) lauwarme Milch
Mark einer Vanilleschote oder Vanillezucker

Die Hälfte des Zuckers mit Weinsteinsäure unter Zugabe einiger Tropfen Wasser in einer Pfanne schmelzen und so lange erhitzen, bis der Zucker mittelbraun karamelisiert ist. Auf dem Boden von 4 gut ausgefetteten portionsgroßen Auflaufförmchen verteilen. Den restlichen Zucker zusammen mit den Eiern, der Milch und Vanille gut verquirlen und die Auflaufförmchen damit füllen. Im Wasserbad ca. 1 Stunde garen.

Die Karamelspeisen lassen sich auch gut in Ei-Kochgläsern mit Springdeckeln herstellen. In diesem Fall können sie innerhalb von 10 Minuten im Drucktopf gegart werden. Die erkalteten Karamelspeisen auf Teller stürzen.

Risoghalo

Milchreis nach griechischer Art

1 l Milch
1 Prise Salz
125 g Reis
1 Zitrone (unbehandelt)
Zucker
Zimt

Die Milch mit einer Prise Salz aufkochen, den Reis waschen und zugeben. Die Zitrone heiß abwaschen und dünn abschälen. In kleine Stücke schneiden und unter den Reis heben. Sobald der Reis gar ist, mit einer Mischung von Zucker und Zimt überstreuen.

Crema

Gekochter Vanillepudding

4 Eier
100 g Zucker
500 ml (1/2 l) lauwarme Milch
1 – 2 Vanilleschoten
1 – 2 Eßl. Butter zum Ausfetten
2 Eßl. brauner Rohrzucker

Die Eier mit dem Zucker verschlagen.
Die Milch langsam dazugeben.
Vanilleschoten aufschneiden, das Mark herauskratzen, in die Eier-Milch geben, alles gut verrühren.
Feuerfeste Förmchen mit Butter ausstreichen, mit Rohrzucker ausstreuen, die Eier-Milch hineingießen.
Etwas Wasser in die Fettfangschale des Backofens gießen, die Förmchen hineinstellen und im vorgeheizten Backofen bei 175 Grad etwa 1 Stunde garen lassen.

Karidopitta

Walnuß-Dessert

(8 Portionen, Foto)

Bei dieser in Griechenland sehr beliebten Speise handelt es sich um eine Zwischenstufe von Kuchen und Dessert.

250 g Butter
250 g Zucker
1 Teel. ausgekratztes Vanillemark
oder 1 Päckchen Vanillezucker
8 Eier
½ Päckchen (8 g) Backpulver
2 Teel. gemahlener Zimt
225 g Grieß
250 g Weizenmehl
125 ml (⅛ l) Milch
500 g gehackte Walnußkerne
Speiseöl zum Ausfetten

Für den Sirup:
etwa 125 ml (⅛ l) Wasser
375 g Zucker
125 g Honig
gemahlener Zimt
1 Eßl. Zitronensaft
1 Eßl. abgeriebene Orangenschale
4 – 5 Eßl. griechischer Weinbrand

Butter, Zucker und Vanille mit einem elektrischen Mixer schaumig rühren, die Eier hinzufügen, gut verrühren.
Nach und nach Backpulver, Zimt, Grieß und Weizenmehl unterrühren und langsam die Milch hinzugießen, alles zu einem glatten Teig verarbeiten.
Die gehackten Walnußkerne darunter heben.
Eine rechteckige oder quadratische flache Kuchenform mit Öl ausstreichen, den Teig hineingeben, glattstreichen und im vorgeheizten Backofen bei mittlerer Hitze etwa 45 Minuten backen.

Für den Sirup:
Wasser mit Zucker und Honig zu einer dicklichen Masse kochen lassen, mit Zimt, Zitronensaft und abgeriebener Orangenschale würzen, von der Kochstelle nehmen und den Weinbrand unterrühren.
Den Sirup sofort über den noch warmen Nußkuchen gießen und mehrere Stunden einziehen lassen.
Karidopitta in kleine Würfel schneiden und als Dessert oder zu Kaffee bzw. Tee servieren.

Ghlikjismata ke Simarika

Gebäck

Ghalaktobureko

Grießbrei in Blätterteig

(4 – 8 Portionen, Foto S. 128/129)

1 Packung (300 g)
tiefgekühlter Blätterteig

Für den Grießbrei:
250 ml (1/4 l) Milch
250 ml (1/4 l) Sahne
Salz
75 g Grieß
150 g Zucker
3 Eier
1 Teel. ausgekratztes Vanillemark
125 g feingehackte Pistazien
Weizenmehl zum Ausrollen
etwa 60 g zerlassene Butter

Für den Sirup:
125 ml (1/8 l) Wasser
1 Eßl. Zitronensaft
gemahlener Zimt
2 Eßl. Arrak

Für den Grießbrei:
Milch und Sahne mit etwas Salz erhitzen. Sobald die Milch anfängt zu kochen, den Grieß hineinstreuen, unter Rühren einmal aufkochen lassen, von der Kochstelle nehmen. Zucker und Eier miteinander verschlagen, unter den etwas abgekühlten Grießbrei geben. Vanillemark und gehackte Pistazien hinzufügen (evtl. einige Pistazien zum Garnieren zurücklassen).

Den tiefgekühlten Blätterteig bei Zimmertemperatur auftauen lassen, die drei Blätterteigplatten auf die Größe einer flachen rechteckigen Kuchenform ausrollen.
Die Kuchenform mit einem Teil der Butter ausstreichen, eine Teigschicht hineinlegen, die Hälfte des Grießbreis daraufgeben, glattstreichen, die zweite Teigschicht auf die Masse legen, den restlichen Grießbrei daraufstreichen und mit der letzten Teigschicht bedecken.
Mit einem Messerrücken ein rhombenartiges Muster in die Teigoberfläche drücken, Butter darüberstreichen.
Den Kuchen im vorgeheizten Backofen bei 200 Grad backen, bis die obere Teigschicht goldbraun ist.
Nach Belieben mit den zurückgelassenen gehackten Pistazien bestreuen.

Für den Sirup:
Wasser mit Zucker und Zitronensaft so lange kochen lassen, bis eine dickflüssige Masse entstanden ist, Zimt und Arrak unterrühren und den heißen Sirup über den noch warmen Kuchen gießen.
Einige Stunden kühl stellen.

Tsoureki

Griechisches Osterbrot

(6 Portionen)

375 g Weizenmehl
1 Päckchen Trockenhefe
1 Teel. Salz
100 g Zucker
1 Ei
1 Eiweiß
125 g zerlassene Butter
4 Eßl. lauwarme Milch
2 Teel. abgeriebene Zitronenschale
Margarine zum Ausfetten
1 Eigelb
1 Teel. Milch
etwa 2 Eßl. Sesam
1 hartgekochtes, buntgefärbtes Ei

Weizenmehl mit Trockenhefe sorgfältig vermischen, Salz, Zucker, Ei und Eiweiß, zerlassene Butter, lauwarme Milch und abgeriebene Zitronenschale hinzufügen und alles mit einem elektrischen Handrührgerät mit Knethaken zuerst auf der niedrigsten, dann auf der höchsten Stufe in etwa 5 Minuten zu einem Teig verarbeiten. Zugedeckt an einem warmen Ort etwa 1 Stunde ruhen lassen, bis der Teig etwa doppelt so hoch ist.

Noch einmal gut durchkneten, zu einer langen Rolle formen (Durchmesser etwa 3 cm) und diese zu einer Spirale drehen und auf ein mit Margarine gefettetes Backblech legen (darauf achten, daß der Teig gut aneinander haftet). In die Mitte eine halbe Eischale setzen. Eigelb mit der Milch verquirlen, die Teigoberfläche damit bestreichen und mit Sesam bestreuen. Den Teig nochmals ½ Stunde ruhen lassen. Das Osterbrot im vorgeheizten Backofen bei 175 Grad etwa 45 Minuten backen, bis es goldbraun ist. Die halbe Eischale herausnehmen und durch das hartgekochte, buntgefärbe Ei ersetzen.

Kourabides

Walnußgebäck (8 Portionen)

250 g Butter
350 g Weizenmehl
100 g Puderzucker
1 ½ Teel. Backpulver
100 g gemahlene Walnußkerne
Margarine zum Ausfetten
Puderzucker zum Bestäuben

Die Butter zerlassen, mit dem Weizenmehl, dem Puderzucker und dem Backpulver zu einem glatten Teig verarbeiten. Die gemahlenen Walnußkerne hinzufügen, alles gut verkneten. Den Teig dünn ausrollen, mit beliebigen Formen ausstechen, auf ein gefettetes Backblech legen und im vorgeheizten Backofen bei mittlerer Hitze 5 – 10 Minuten backen, erkalten lassen, mit Puderzucker bestäuben.

Sesamitis

Sesambrot (Foto)

75 g Sesam
300 g Weizenvollkornschrot
½ Teel. gemahlener Koriander
1 Päckchen Trockenhefe
1 Teel. Salz
200 ml (⅕ l) warmes Wasser
Margarine zum Ausfetten
1 Eigelb

Den Sesam in einer Pfanne ohne Fett leicht rösten, etwas Sesam zurücklassen, den restlichen mit Weizenvollkornschrot, Koriander, Trockenhefe und Salz sorgfältig vermischen. Das Wasser hinzufügen, alles mit einem elektrischen Handrührgerät mit Knethaken zuerst auf der niedrigsten, dann auf der höchsten Stufe in etwa 3 Minuten zu einem Teig verarbeiten, zugedeckt etwa ½ Stunde ruhen lassen. Den Teig nochmals gut durchkneten und in 6 Portionen teilen. Flache Fladen daraus formen und diese auf ein mit Margarine gefettetes Backblech legen, nochmals etwa ½ Stunde ruhen lassen. Die Fladen mit verquirltem Eigelb bestreichen, mit dem zurückgelassenen Sesam bestreuen und im vorgeheizten Backofen bei mittlerer Hitze etwa 20 Minuten backen.

Beigabe: Käse und Oliven, Rotwein.

Tourta amygdalon

Mandeltorte (8 Portionen)

125 g Butter
500 g Zucker
12 Eigelbe
500 g abgezogene, gemahlene Mandeln
5 Eßl. Orangensaft
1 Eßl. abgeriebene Orangenschale (von unbehandelter Orange)
4 Eßl. griechischer Weinbrand
12 Eiweiß
Butter oder Margarine zum Ausfetten

Die Butter schaumig rühren, nach und nach den Zucker und die Eigelbe gut unterrühren.
Gemahlene Mandeln, Orangensaft und abgeriebene Orangenschale hinzufügen, alles zu einem glatten Teig verarbeiten, Weinbrand unterrühren.
Die Eiweiß steif schlagen, unter den Teig heben.
Eine Springform (Durchmesser etwa 28 cm) mit Butter oder Margarine ausfetten.
Den Teig hineinfüllen und im vorgeheizten Backofen bei 175 Grad etwa 1 ½ Stunden backen.
Mit einem Hölzchen in die Mitte des Kuchens stechen, bleiben keine feuchten Krumen daran haften, kann der Kuchen aus dem Backofen genommen werden.

Fila simari

Griechischer Strudelteig

(Grundrezept)

Strudelteig-Gebäck spielt in allen Balkanstaaten und in Vorderasien eine große Rolle, wobei die Hausfrau zu einem großen Teil daran gemessen wird, wie perfekt sie die Herstellung dieses Teiges beherrscht.

Wer hierfür keinen Ehrgeiz oder keine Zeit hat, kann für die meisten Rezepte statt Strudelteig tiefgekühlten Blätterteig verwenden.

500 g Weizenmehl
1 Teel. Salz
etwa 250 ml (1/4 l) lauwarmes Wasser
2 Eßl. Olivenöl
Weizenmehl zum Ausrollen
evtl. zerlassene Butter zum Bestreichen

Weizenmehl und Salz in einer großen Rührschüssel mischen, Wasser vorsichtig im dünnen Strahl hinzugießen, alles gut zu einem klebrigen Teig verarbeiten.
Nach und nach das Olivenöl hinzufügen, den Teig gut durchkneten.
Er muß glatt und glänzend werden, durch längeres Kneten erhöht sich die Qualität des Teiges.
Zugedeckt bei Zimmertemperatur einige Stunden ruhen lassen.
Der Teig kann auch mehrere Tage im Kühlschrank aufbewahrt werden, muß aber für die Weiterverarbeitung Zimmertemperatur haben.
Den Teig in 8 bis 10 Portionen teilen.
Ein großes Tuch mit Weizenmehl bestäuben, die einzelnen Teigstücke nacheinander darauf ausrollen.
Mit bemehlten Händen unter die Teigplatten fassen und sie sehr dünn ausziehen.
Der Strudelteig muß fast papierdünn und durchscheinend sein.
Dickere Ränder abschneiden.
Werden mehrere Schichten Teig übereinandergelegt, bestreicht man jede Schicht mit zerlassener Butter.

Ausgerollter Strudelteig muß schnell weiterverarbeitet werden, da er sonst austrocknet und Risse bekommt.

Loukoumades

Fritiertes Hefegebäck

(8 – 10 Portionen)

40 g Hefe
1/2 Teel. Salz
einige Eßl. lauwarmes Wasser
500 g Weizenmehl
125 ml (1/8 l) lauwarme Milch
1 Ei
Fett zum Ausbacken

Für den Sirup:
250 g Zucker
125 ml (1/8 l) Wasser
2 Eßl. Zitronensaft
2 Eßl. Honig
nach Belieben Zimt, Puderzucker
oder gehackte Nußkerne
oder gehackte Mandeln

Die Hefe zerbröckeln, mit dem Salz und einigen Eßl. lauwarmem Wasser verrühren. An einem warmen Ort so lange stehenlassen, bis die Hefe doppelt so hoch ist.
Weizenmehl in eine Schüssel sieben, den Hefekloß, die lauwarme Milch und das Ei hinzufügen, alles zu einem glatten Teig verkneten, evtl. noch etwas lauwarmes Wasser hinzufügen.
Den Teig zugedeckt an einem warmen Ort stehenlassen, bis er etwa doppelt so hoch ist.
Das Ausbackfett bis knapp zum Siedepunkt erhitzen. Zwei Eßlöffel in Wasser tauchen, vom Hefeteig damit mehrere kleine Portionen abstechen und im Fett schwimmend in etwa 3 Minuten ausbacken lassen. Mit einem Schaumlöffel wenden, damit die Küchlein rundherum goldbraun ausbacken, im leicht vorgeheizten Backofen warm halten.
Für den Sirup Zucker mit Wasser und Zitronensaft so lange kochen lassen, bis eine dickflüssige Masse entstanden ist, den Honig unterrühren.
Das Hefegebäck in eine vorgewärmte, flache Schale legen, mit dem Sirup übergießen und nach Belieben mit Zimt, Puderzucker oder gehackten Nüssen bzw. Mandeln überstreuen.

Biscotakia me feta

Griechisches Käsegebäck

250 g Mehl
1/2 Päckchen Backpulver
1 Prise Salz
1 Eßl. Zucker
100 g Butter
etwa 12 Eßl. Milch
100 g Feta-Käse

Mehl, Backpulver, Salz und Zucker in einer Backschüssel gut verrühren. Die Butter in kleinen Stücken einkneten. Nacheinander löffelweise Milch zugeben, bis ein geschmeidiger Teig entsteht. Den Käse einarbeiten und auf einem bemehlten Backbrett ausrollen. Mit einem Weinglas runde Scheiben ausstechen und auf ein Backblech legen. Den restlichen Teig wieder zusammenkneten und weitere Scheiben herstellen. Das Gebäck nicht zu nahe aneinander rücken. Im vorgeheizten Ofen bei 200 bis 225 Grad etwa 15 Minuten backen, bis die Oberfläche goldbraun geworden ist. Das Gebäck noch warm oder kalt servieren.

Baklava

Nußgebäck

250 g Butterschmalz (Butaris)
5 Eßl. Öl
2 Pakete Blätterteig (à 300 g)
375 g gemahlene Walnußkerne
250 g Zucker
1 Eßl. Honig
1 Eßl. Zitronensaft
Sirup
1 Beutel gehackte Pistazien

Gewöhnlich verwendet man in Griechenland für dieses Gebäck Strudelteig, doch kann man sich mit fertigem Blätterteig viel Arbeit ersparen und kommt zu einem ähnlichen Ergebnis.

Baklava wird in rechteckigen Blechformen mit hochgezogenem Rand hergestellt, die es inzwischen auch in deutschen Haushaltsgeschäften oder in orientalischen Läden gibt. Ersatzweise verwendet man große Königskuchen- oder Auflaufformen.

Das Butterschmalz zerlassen und mit dem Öl vermischen. Die Backform damit ausstreichen.
Die einzelnen Lagen Blätterteig etwa auf die Flächengröße der Backform ausrollen, bei kleineren Formen auf die doppelte Größe, und dann gleichmäßig übereinanderschlagen.
Eine Lage Teig auf den Boden der Form pressen, mit dem Fettgemisch bepinseln und die nächste Schicht auflegen.
Wieder einfetten und mit 3 Eßl. der sehr fein gemahlenen Walnußkerne bestäuben.
Die nächsten beiden Lagen Teig auflegen, dazwischen stets einfetten.
Nach je zwei Lagen Teig 3 Eßl. Walnußmehl auftragen und in dieser Reihenfolge fortfahren, bis der gesamte Teig verarbeitet ist.
Die oberste Schicht in diagonal verlaufenden Linien von 4 – 5 cm Abstand 1 cm tief einschneiden.
Das gleiche in der gegenläufigen Richtung wiederholen, so daß die Oberfläche in viele Rhomben geteilt ist.
Auf der Mittelschiene des Backofens bei 175 Grad ca. 30 Minuten backen.
Danach die Temperatur auf 150 Grad vermindern und weiterbacken, bis sich die Oberfläche mittelbraun gefärbt hat.

Für den Sirup:
Den Zucker in etwas Wasser lösen und etwa 5 Minuten kochen, bis sich ein spinnfähiger Sirup gebildet hat. Honig und Zitronensaft unterrühren und über den fertiggebackenen Nußkuchen gießen.

Das Nußgebäck mit feingehackten Pistazien überstreuen.

Rezeptverzeichnis nach Kapiteln

Rezeptverzeichnis, alphabetisch

H

K

S

T/U

V/W

Z